Feste feiern
SILVESTER

Judith Bohnert

Feste feiern

SILVESTER

Inspirationen für den Jahreswechsel: Deko, DIY-Ideen und Spiele

Deine perfekte Silvester-party!

CV

INHALT

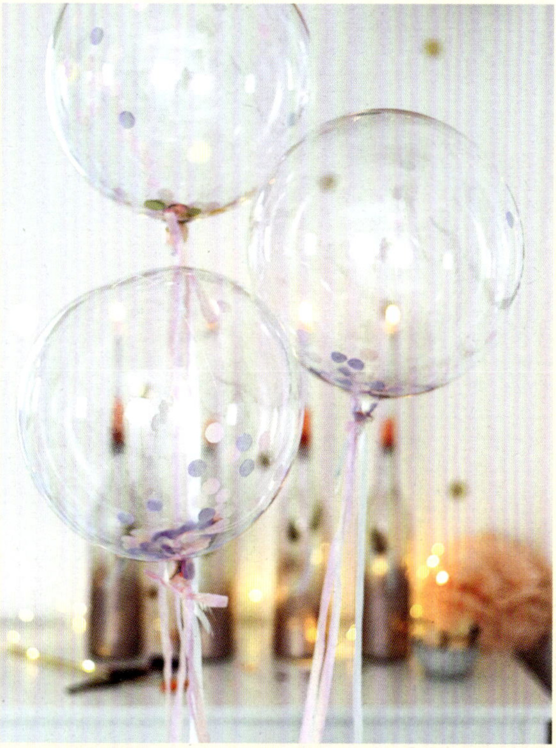

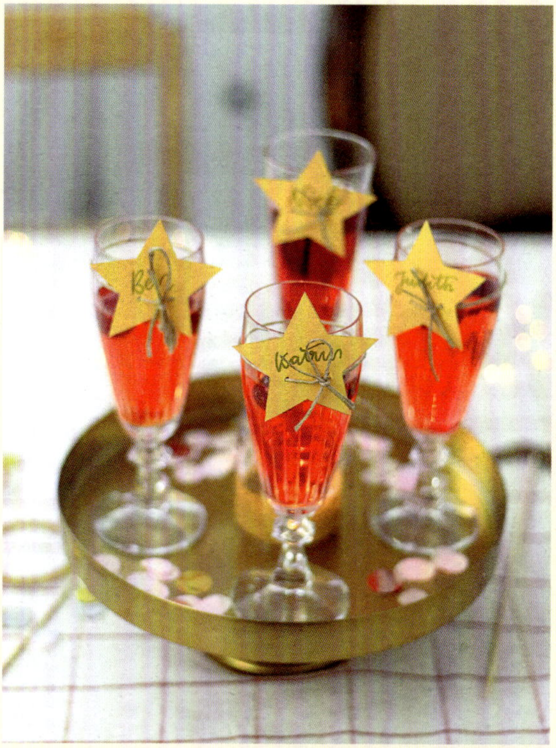

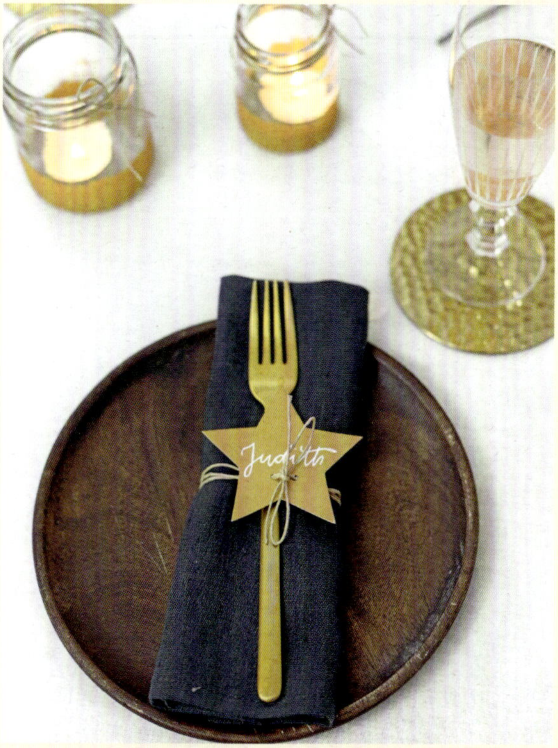
Judith

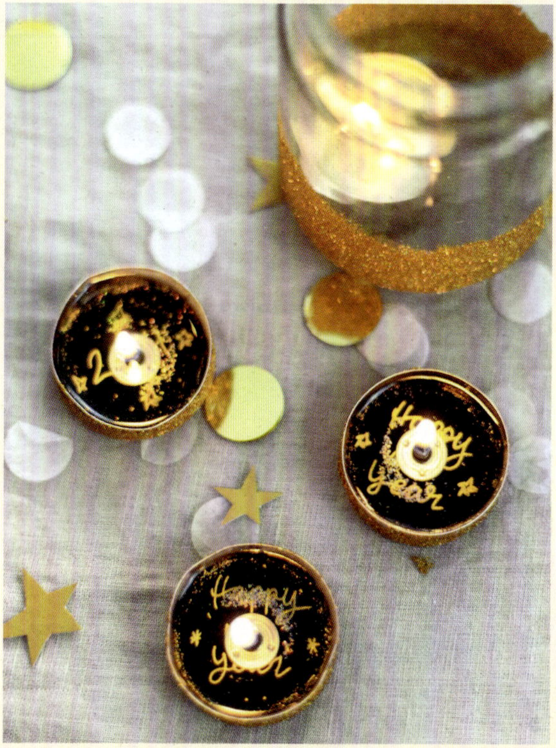
Happy
Year
Happy
Year

VORWORT

Liebe Selbermacherin und lieber Selbermacher,

ich freue mich, dass du dich für dieses Buch entschieden hast und ich dich mit meinen kreativen DIY-Ideen inspirieren darf. Das Jahresende ist ein wirklich guter Grund, um endlich mal wieder eine richtige Party zu veranstalten, einen lustigen Abend mit Freundinnen, Freunden und der Familie zu verbringen und mal wieder alles festlich zu dekorieren.
Es ist also Zeit, deine nächste Silvesterparty zu planen, um das alte Jahr gebührend zu verabschieden und mit guter Laune ins neue Jahr zu starten. Mit diesem Buch erhältst du die perfekte Grundlage, um deine Silvesterparty zu einem unvergesslichen Abend zu machen, mit hübscher Partydekoration, liebevollen Gastgeschenken und vielen unterhaltsamen Ideen für den Abend.

Alle DIY-Anleitungen sind so einfach wie möglich gehalten, sodass wirklich jede und jeder sie ganz einfach nachvollziehen kann. Auch habe ich bewusst keine besonderen Werkzeuge verwendet, sodass du alles Benötigte wahrscheinlich schon zu Hause hast und nur noch etwas Material, wie z. B. Papier und Glitzer, benötigst, um loszulegen. Die Farben und Muster meiner DIY-Ideen kannst du ganz nach Belieben auswählen. Such dir, bevor du loslegst, am besten zwei bis drei Farben aus und verwende sie für alle Projekte und Deko-Elemente. Gold und Silber z. B. wirken besonders festlich und lassen sich perfekt mit deiner Lieblingsfarbe kombinieren.

Also viel Spaß beim Selbermachen und Kreativwerden. Und natürlich ganz viel Spaß beim Feiern deiner Silvesterparty! Ich bin mir sicher, dass du und deine Gäste einen unvergesslichen Abend erleben werdet!

Eure Judith

INFOS

Damit du Zeit, Kosten und Schwierigkeitsgrad abschätzen kannst, geben dir die drei folgenden Skalen eine Orientierungshilfe. Du findest die kleinen Piktogramme an jedem Projekt und siehst so auf den ersten Blick, welchen zeitlichen und finanziellen Aufwand du bedenken musst und welches Projekt am besten zu deinen Fähigkeiten passt.

Zeit

Keine halbe Stunde

0,5 – 1 Stunde

Über 1 Stunde

Geld

Bis 5 Euro

5 – 10 Euro

Über 10 Euro

Schwierigkeitsgrad

Kinderleicht

Ziemlich leicht

Trau dich – leichter als du denkst

Materialien und Werkzeuge, die gezeigt werden, habe ich aufgrund von persönlichen Erfahrungen ausgewählt. Du bist natürlich immer frei, andere Produkte oder Marken zu verwenden.

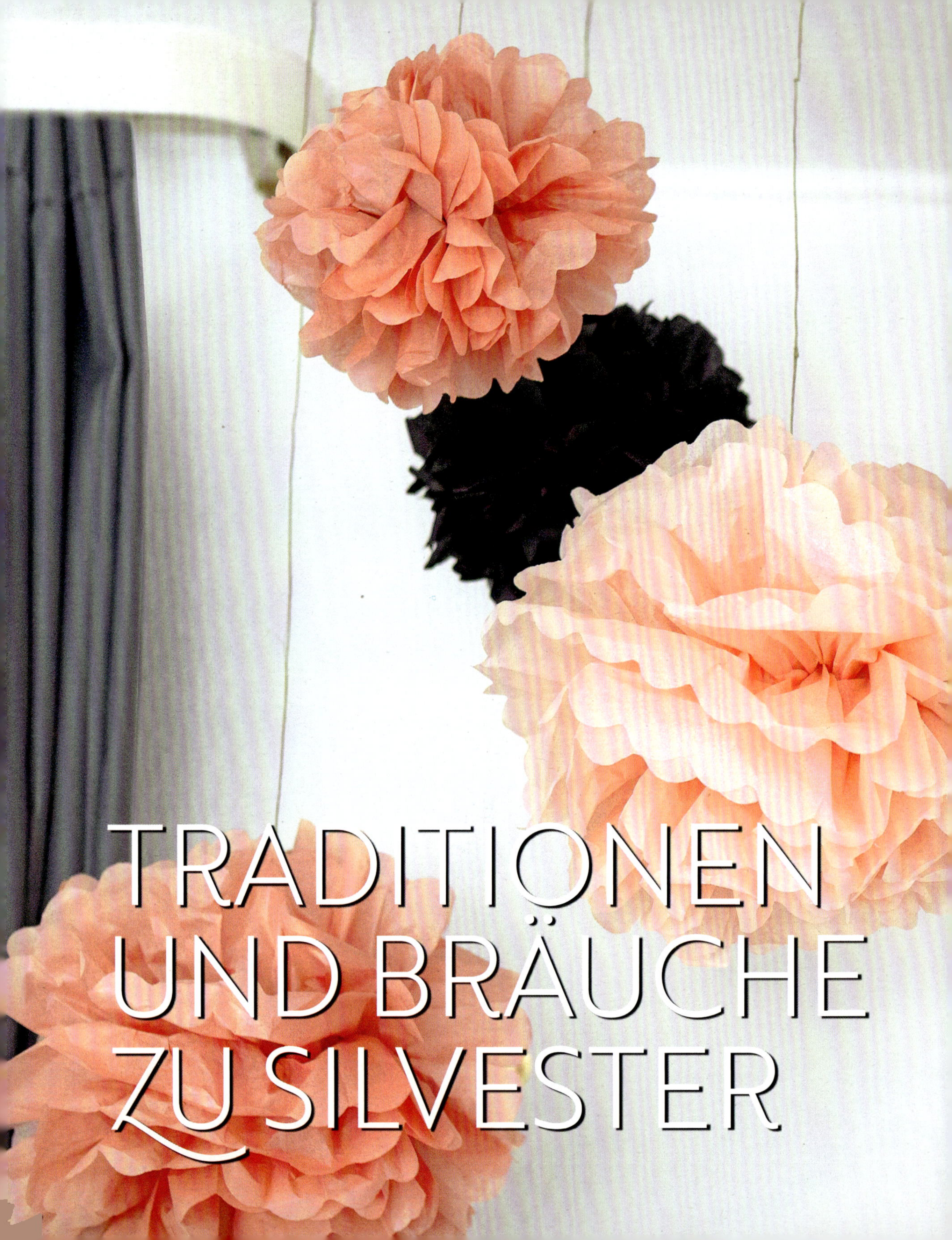

TRADITIONEN UND BRÄUCHE ZU SILVESTER

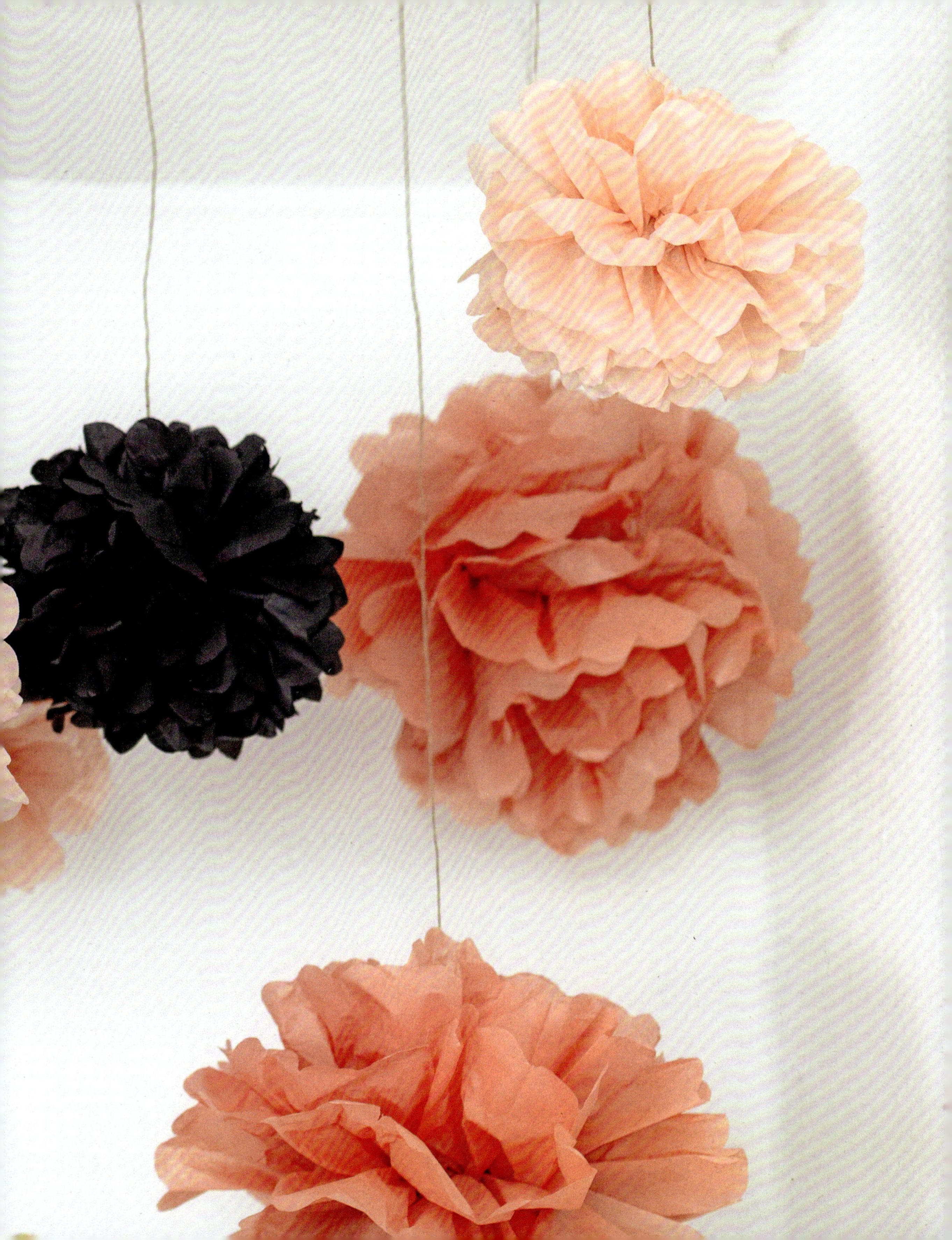

... BEI UNS

Das Jahr neigt sich dem Ende zu und die Vorbereitungen für den letzten Abend des Jahres sind in vollem Gange. Da dürfen unsere alten Silvesterbräuche natürlich nicht fehlen. Viele dieser Traditionen sollen uns Glück und Gesundheit für das kommende Jahr bescheren oder uns verraten, was das neue Jahr für uns bereithält. Doch was sind eigentlich typische Silvesterbräuche in Deutschland, wo haben sie ihren Ursprung und welche Bräuche zu Silvester gibt es in anderen Ländern? Darum soll es in diesem ersten Kapitel gehen.

Warum eigentlich »Silvester«?

Die Bezeichnung »Silvester« für den letzten Tag des Jahres geht auf das Jahr 1582 zurück. Durch die Reform des gregorianischen Kalenders wurde der letzte Tag des Jahres vom 24. Dezember auf den 31. Dezember verlegt. Dieser Tag war auch der Todestag des verehrten Papstes Silvester I. (314–335 n. Chr.). Weil die Kirche den 31. Dezember als Namenstag für Silvester bestimmte, hieß dieser Tag fortan Silvester.

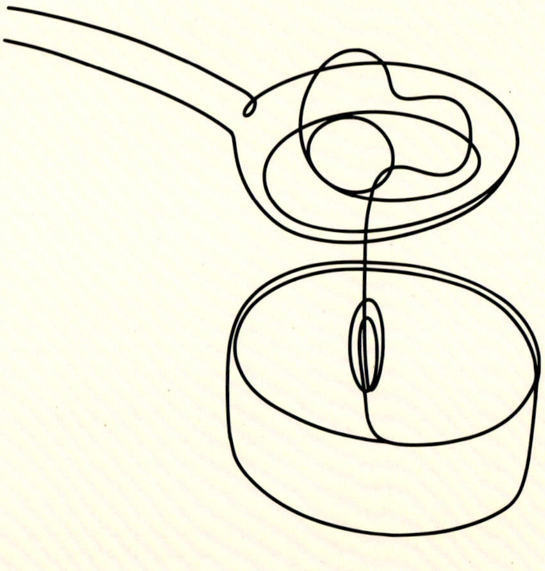

Bleigießen

Der Brauch des »Bleigießens« ist eine alte Tradition, die bis zu den alten Römern zurückreicht. Am Silvesterabend wird ein Stück Blei auf einem Löffel über einer Kerze erhitzt und in eine Schüssel mit Wasser gegossen. Das Blei erkaltet und es entstehen kleine Figuren. Diese Figuren sollen Aufschluss darüber geben, was der Person, die das Blei gegossen hat, im kommenden Jahr beschert ist. Seit 2018 hat die EU per Gesetz den Verkauf der Bleiprodukte verboten. Statt Blei wird für den lustigen Brauch nun Wachs verwendet. Gerade nach Weihnachten ist das eine gute Möglichkeit, um übrig gebliebene Kerzenreste zu verwerten. Weiter hinten im Buch findest du eine Anleitung zum Wachsgießen und eine Seite mit möglichen Deutungen deiner Figuren.

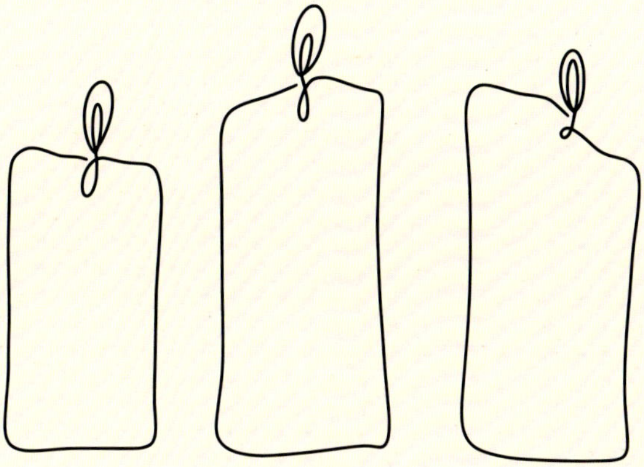

Das Wäscheverbot

Ein Brauch, den auch unsere Nachbarn in Österreich kennen, ist das Wäscheverbot an und um den Silvestertag. Laut alter Tradition sollte man Wäsche zum Jahreswechsel unbedingt abhängen und auf das Wäschewaschen verzichten. Denn zu dieser Zeit kommen die Geister aus ihren Verstecken, wie auch Wotan, der Gott der Toten und des Sturms. Er ist am Silvesterabend mit seinem Heer unterwegs, und damit er nicht bei uns hängen bleiben kann, sollte die Wäsche abgenommen sein.

Feuerwerk

Zu Silvester gehören bunte Feuerwerke, Raketen und Knaller einfach dazu. Schon im Mittelalter verwendeten die Menschen alles, was laute Geräusche erzeugte, wie Töpfe, Rasseln und Trommeln, um zur Jahreswende böse Geister zu vertreiben. Dass wir heute ein Feuerwerk veranstalten, hat seinen Ursprung jedoch in chinesischen Traditionen des 12. Jahrhunderts.

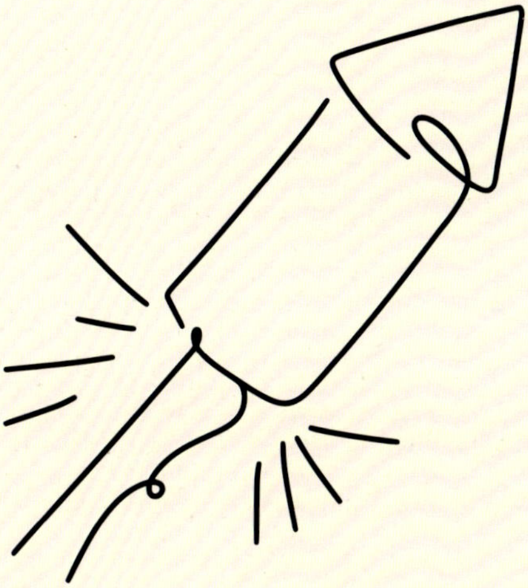

... UND IN ANDEREN LÄNDERN

Italien

In Italien gibt es die skurrile Tradition, am Silvesterabend rote Unterwäsche zu tragen. Dieser Brauch geht auf einen jahrhundertealten Aberglauben zurück, der besagt, dass rote Unterwäsche Glück, Erfolg und Liebe im neuen Jahr bringt.

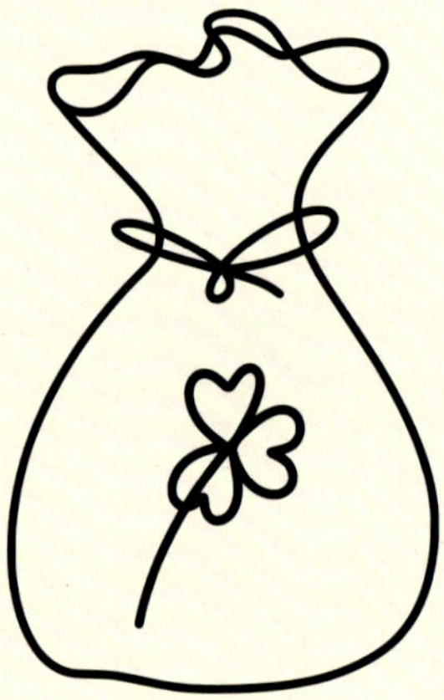

Früher war es zudem an Silvester üblich, sich gegenseitig einen mit Linsen gefüllten Geldbeutel zu schenken, das sollte für Reichtum im neuen Jahr sorgen. Dieser Brauch wird heute nicht mehr gepflegt, aber die Assoziation der Linsen mit Wohlstand ist noch immer stark verankert. Daher ist es in Italien verbreitet, nach Mitternacht Linsen zu essen, um für einen Geldsegen im neuen Jahr zu sorgen.

Ein interessanter Brauch in Italien ist es schließlich, einen Finger ins eigene Sektglas zu stecken und etwas Sekt hinters Ohr zu tupfen. Das soll ebenfalls Glück für das neue Jahr bringen.

Spanien

Eine weitverbreitete Tradition in Spanien ist das Traubenessen. Um Mitternacht des 31. Dezember wird das neue Jahr mit zwölf Glockenschlägen angekündigt. Diese Glockenschläge sind für die Spanier so wichtig, dass sie sogar live im Fernsehen übertragen werden. Traditionell wird bei jedem Glockenschlag eine Weintraube gegessen, also zwölf Weintrauben insgesamt, für jeden Monat im Jahr eine. Wenn man es schafft, alle Trauben rechtzeitig zu essen, verspricht dies Glück im neuen Jahr.

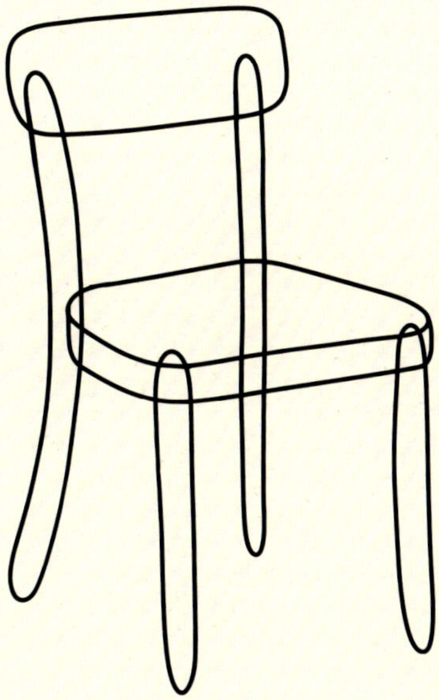

Dänemark

In Dänemark wird zum Jahresende ordentlich Geschirr zerbrochen. Dazu wird ausrangiertes Porzellan an die Tür derjenigen Person geworfen, der Glück im neuen Jahr beschert werden soll. Je mehr Scherben, desto mehr Glück. Zudem springt man um Mitternacht von einem Stuhl – auch das ein Garant für Glück im neuen Jahr.

Ecuador

Um mit dem alten Jahr abzuschließen, gibt es in Ecuador ein besonderes Ritual: Am Silvesterabend wird um Mitternacht eine Vogelscheuche angezündet, die mit allen negativen Erlebnissen des alten Jahres gefüllt ist. Dazu gehören Fotos, persönliche Gegenstände und Briefe, die allesamt in den Flammen verbrannt werden, damit sie nicht in das neue Jahr mitgenommen werden. So kann man mit viel neuer Energie und Kraft in das kommende Jahr starten.

Schottland

In Schottland gibt es zum Jahresbeginn den Brauch des »First Footing«, bei dem man um Mitternacht mit dem letzten Glockenschlag die Schwelle von Freunden und Nachbarn übertritt. Dabei dürfen ein Glas Whisky, ein Stück Kohle, ein Black Bun (Früchtekuchen), Shortbread und Salz nicht fehlen. Mit dem First Footing (zu Deutsch »erster Schritt«) bringt man Glück ins Haus.

Tschechien

Was bei uns das Bleigießen ist, ist in Tschechien das Apfelorakel. Am Silvesterabend wird aus dem Kerngehäuse eines halbierten Apfels das Schicksal für das neue Jahr abgelesen. Bilden die Kerne ein Kreuz, bedeutet das Unglück, sind sie jedoch in Sternform angeordnet, ist das ein gutes Omen.

WANDDEKO

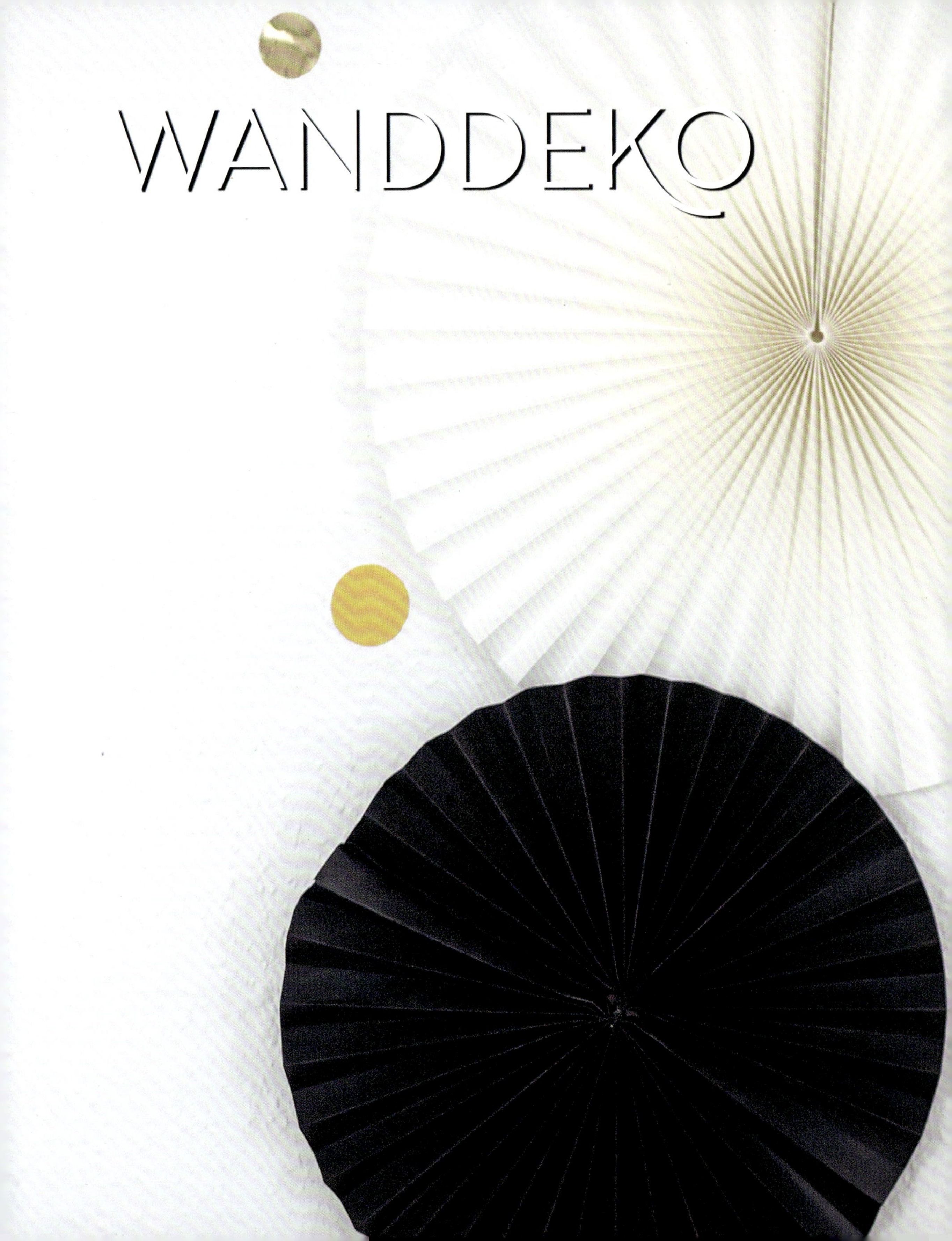

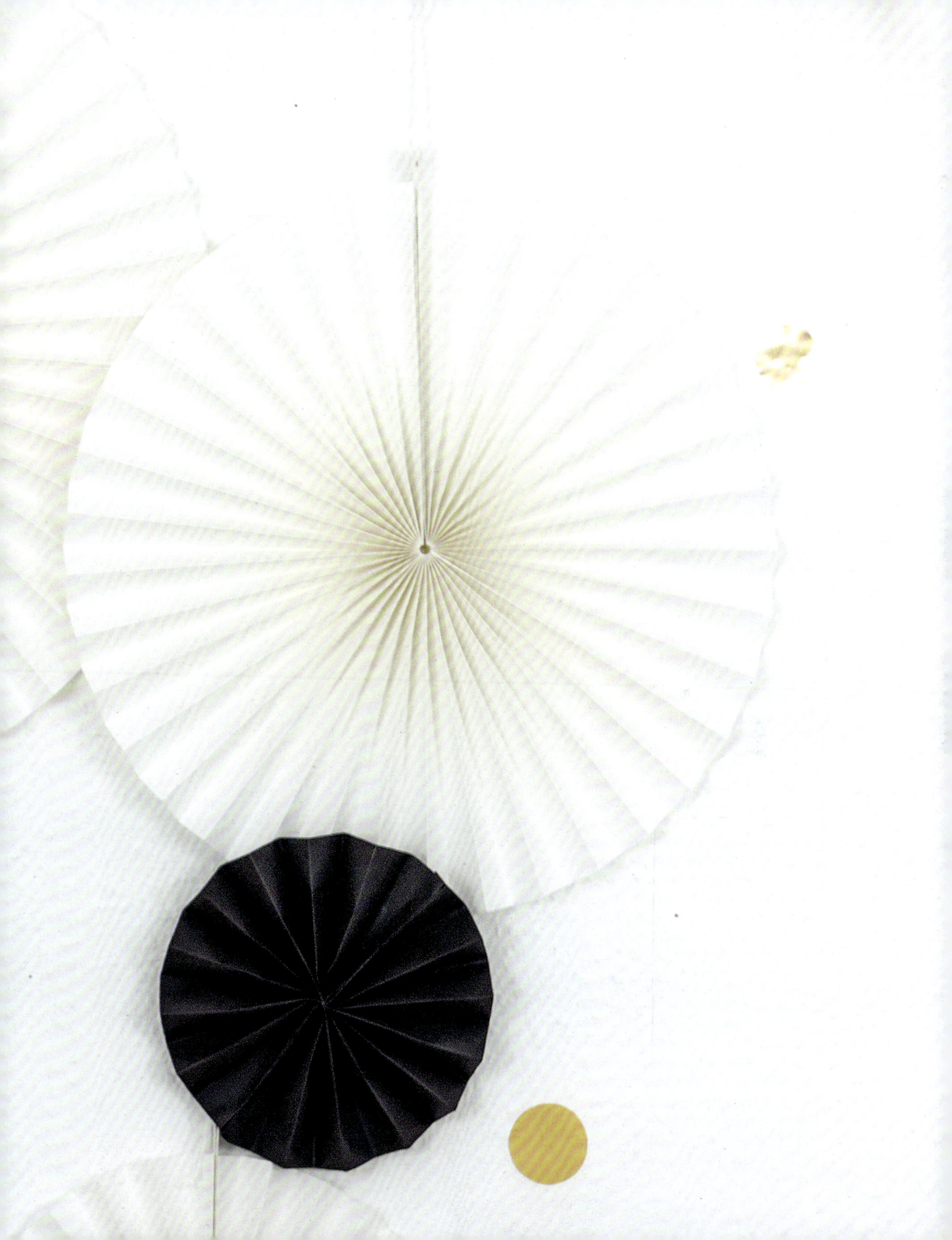

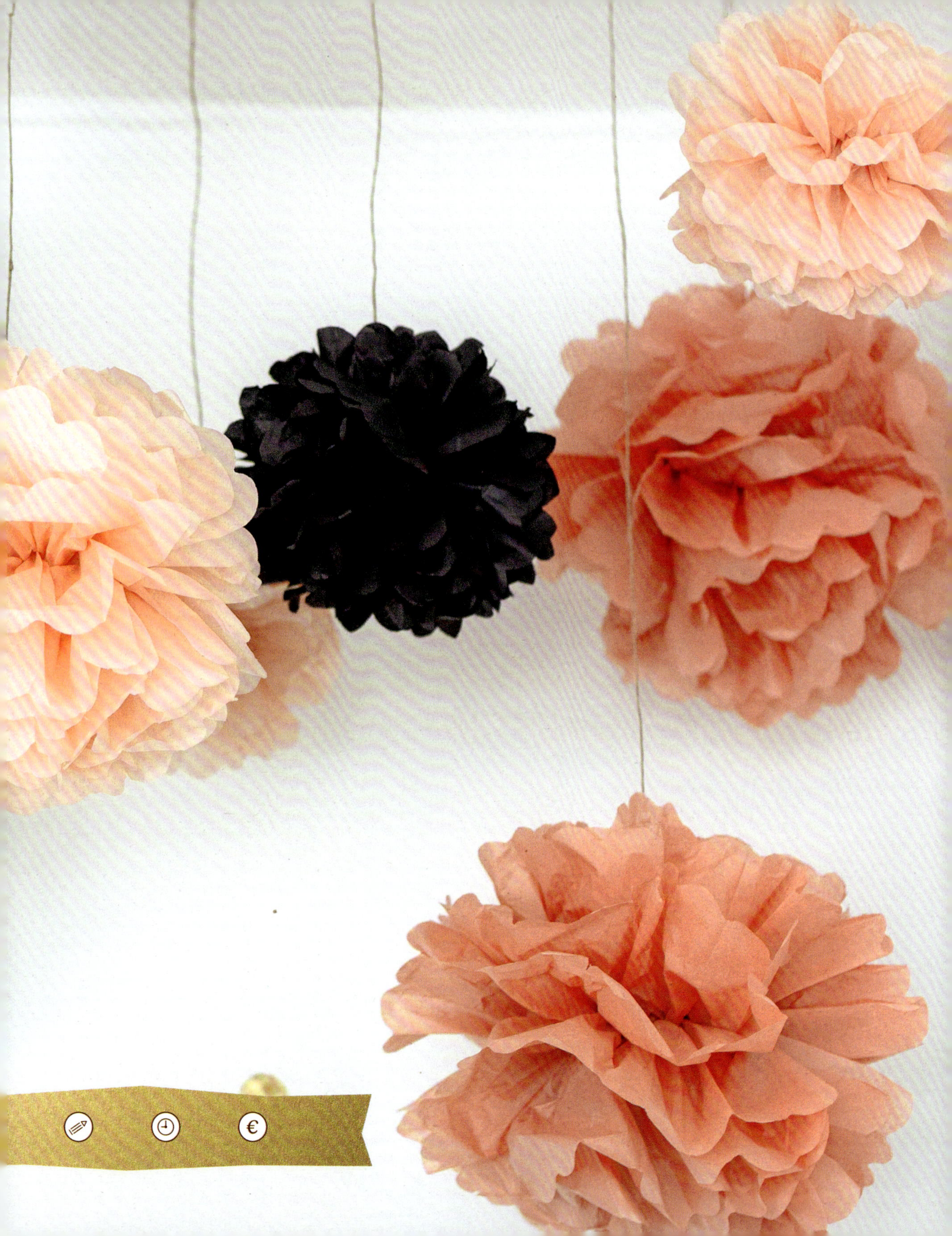

POMPONS – PAPIERBLUMEN

Nicht nur als Partydeko sehen die flauschigen Pompons aus Seidenpapier richtig gut aus. Auch jenseits von Festen und Feiern verzaubern die bunten Papierblumen jeden Raum.

Material:

- ✓ 9 Lagen Seidenpapier
- ✓ Kordel zum Aufhängen

Werkzeug

- ✓ Schere
- ✓ Lineal

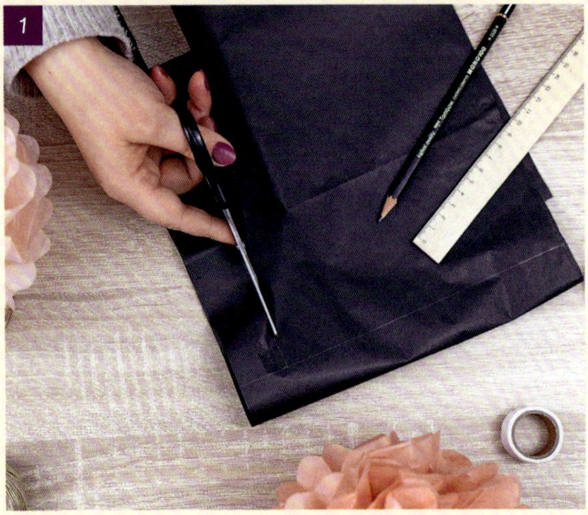
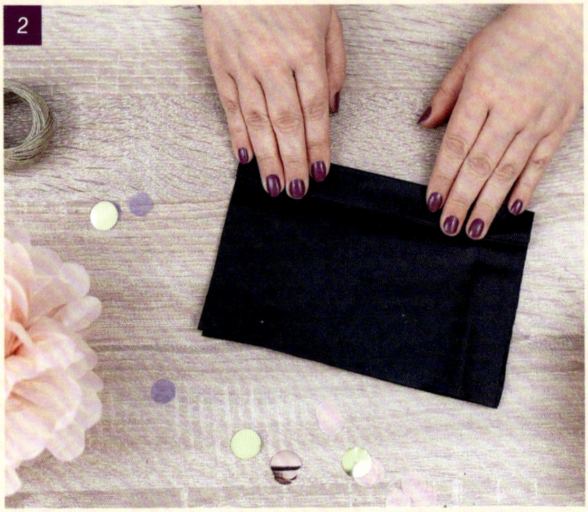
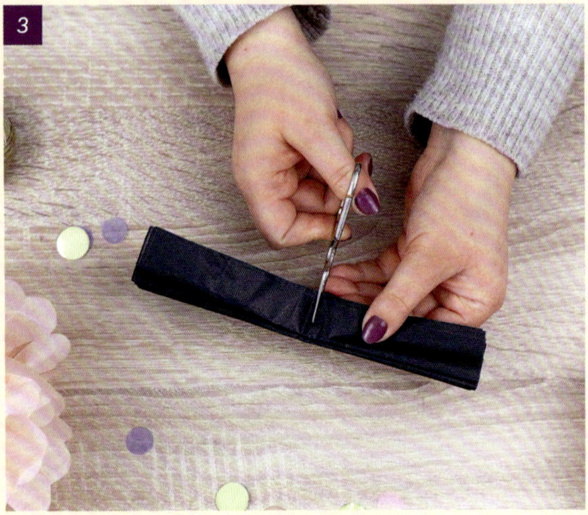
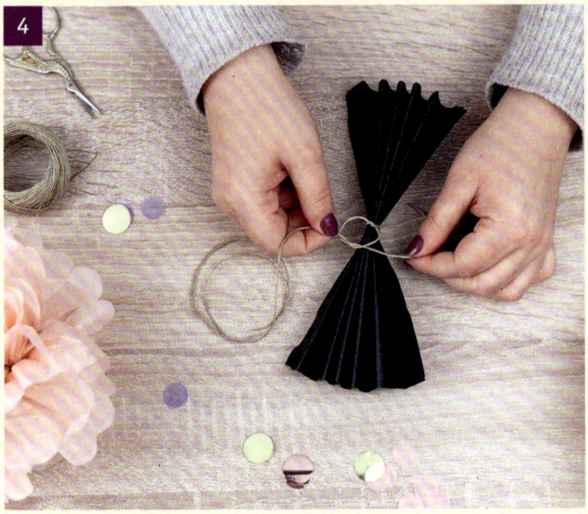

1. Schneide aus dem Seidenpapier 8–10 Rechtecke aus, in einer Größe von 30 × 38 cm (für eine kleinere Variante 20 × 28 cm).

2. Lege alle Rechtecke übereinander und falte das Papier wie eine Ziehharmonika in 2 cm breite Streifen. Hierbei muss nicht akkurat gefaltet werden, Unebenheiten wird man später nicht sehen.

3. Knicke den Fächer in der Mitte und schneide ihn links und rechts etwa 2 mm ein.

4. Knote an der eingeschnittenen Stelle ein Stück Kordel fest. Hieran wird der Pompon später aufgehängt.

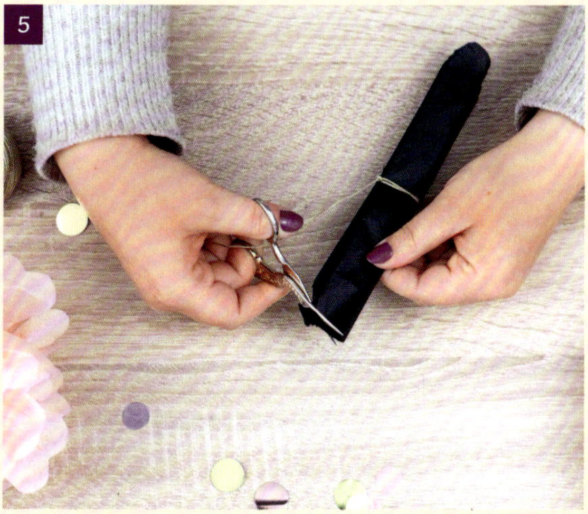

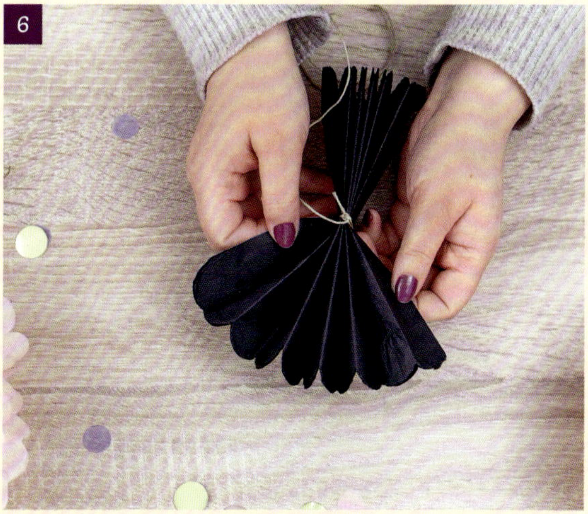

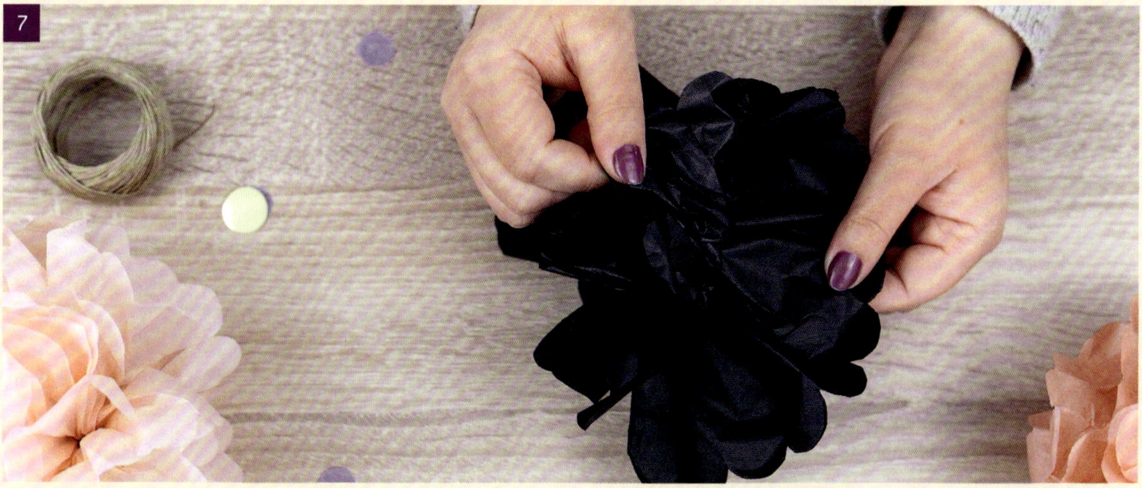

5. Schneide die Enden des Fächers rund oder spitz mit der Schere zurecht.

6. Ziehe das Seidenpapier wie einen Fächer leicht auseinander.

7. Anschließend falte sehr vorsichtig alle Lagen Papier zur Mitte hin auf. Falls versehentlich ein Stück abreißen sollte, einfach mit der Schere etwas rund schneiden, dann fällt es später nicht auf.

Material: Luftballons (durchsichtig) · Konfetti · Glitzer · Schleifenbänder oder Kordel

Werkzeug: Trichter · Helium

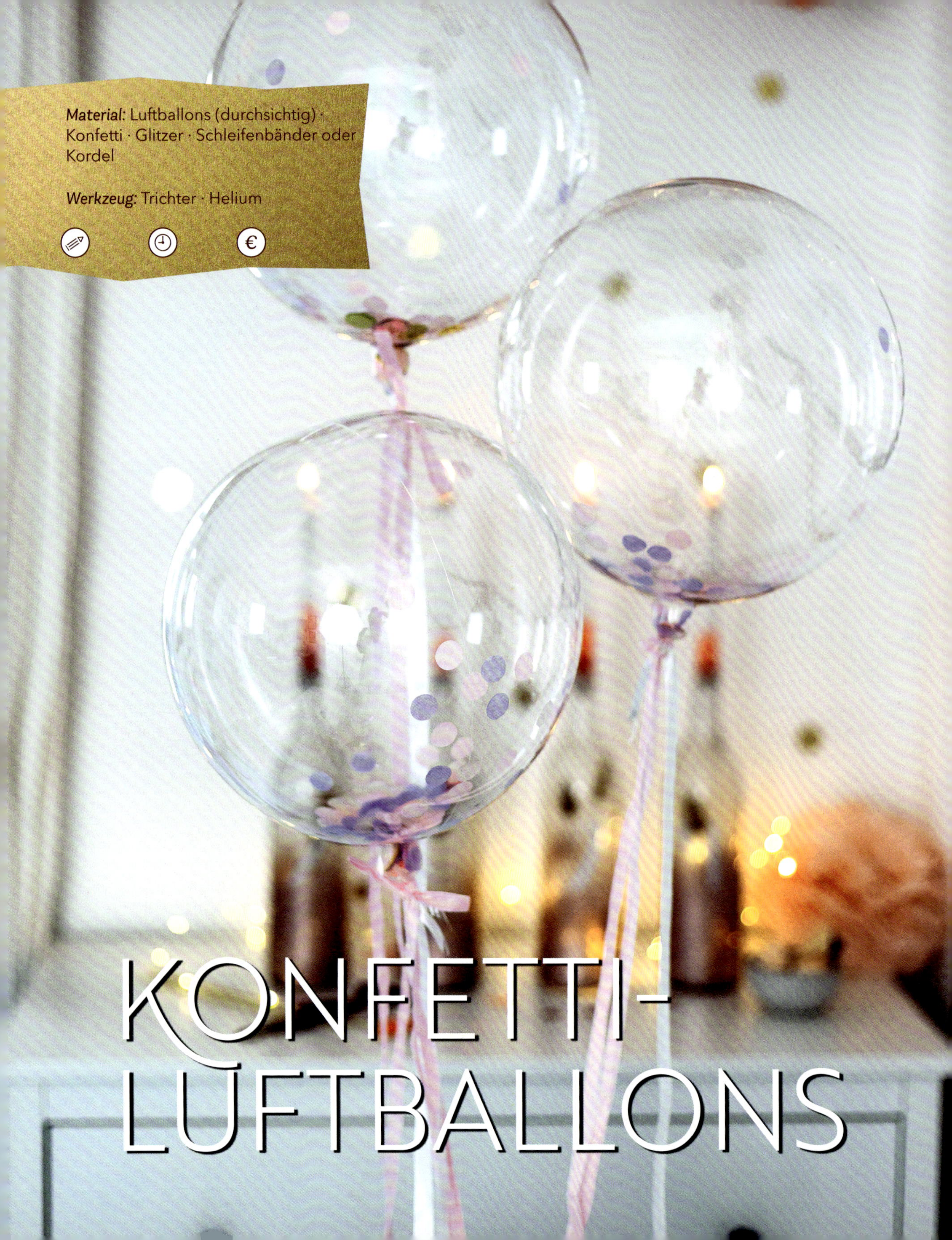

KONFETTI-LUFTBALLONS

Luftballons und Konfetti sind unverzichtbare Elemente auf jeder Party. Beides miteinander kombiniert ergibt ein spektakuläres und einzigartiges visuelles Erlebnis. Bunte Konfetti-Luftballons machen jede Party zu etwas ganz Besonderem und verleihen der Partydeko den letzten Schliff.

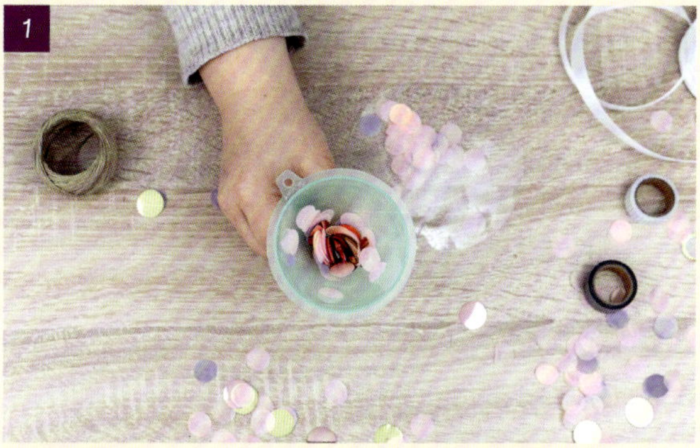

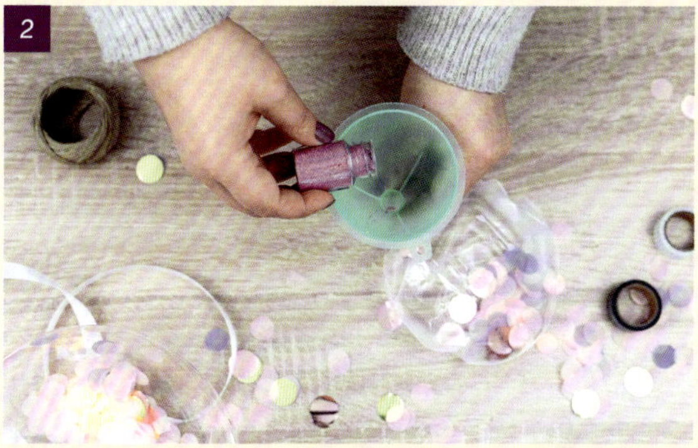

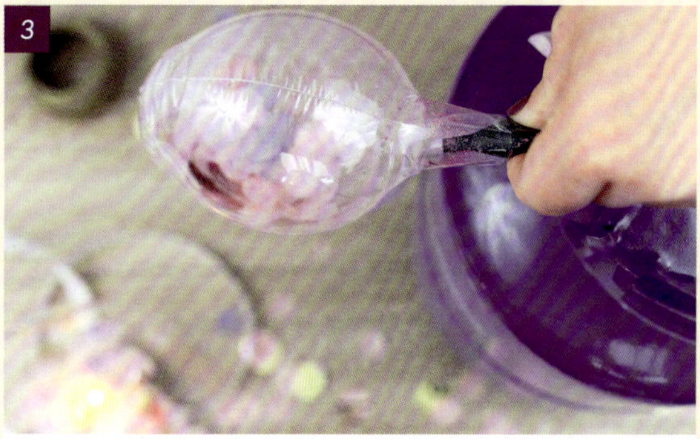

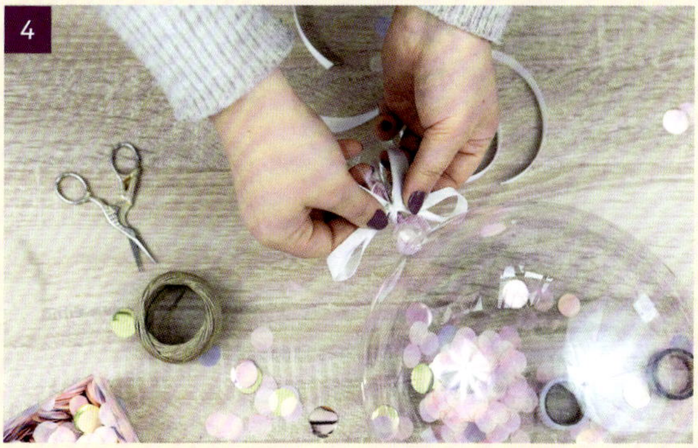

1. Nimm einen Trichter, stecke ihn vorsichtig in den Luftballonhals und fülle damit das Konfetti in den Luftballon. Beachte: Je mehr Konfetti du einfüllst, desto schwerer wird der Luftballon. Mit Helium gefüllt, schwebt der Ballon nicht mehr so gut, wenn er zu schwer ist.

2. Anschließend kannst du noch etwas Glitzer in den Luftballon füllen und den Trichter herausziehen.

3. Blase den Luftballon mit Luft oder Helium auf und knote ihn fest zu.

4. Binde zum Schluss noch ein Schleifenband oder eine Kordel um den Verschluss.

Tipp: Du kannst den Ballon alternativ auch mit getrockneten Blütenblättern befüllen.

XXL-KONFETTI-WAND

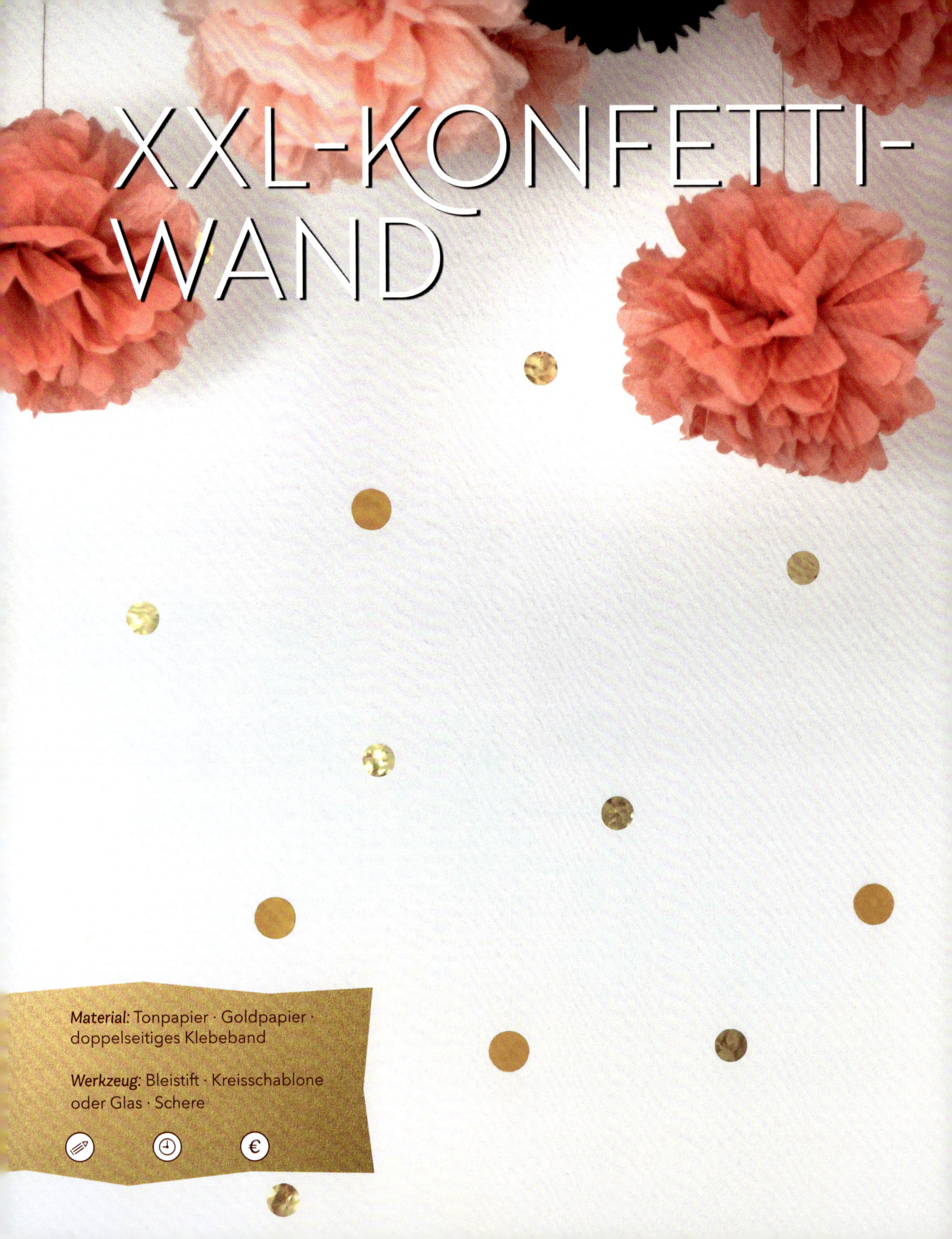

Material: Tonpapier · Goldpapier · doppelseitiges Klebeband

Werkzeug: Bleistift · Kreisschablone oder Glas · Schere

Warum nicht mal mit Konfetti an der Wand statt auf dem Boden aufwarten? Es ist eine einfache und farbenfrohe Möglichkeit, deine weißen Wände aufzupeppen und gleichzeitig eine schöne Fotoecke für deine Party zu schaffen. Es kann nie genug Konfetti geben, also warum nicht mal die Wände damit schmücken?

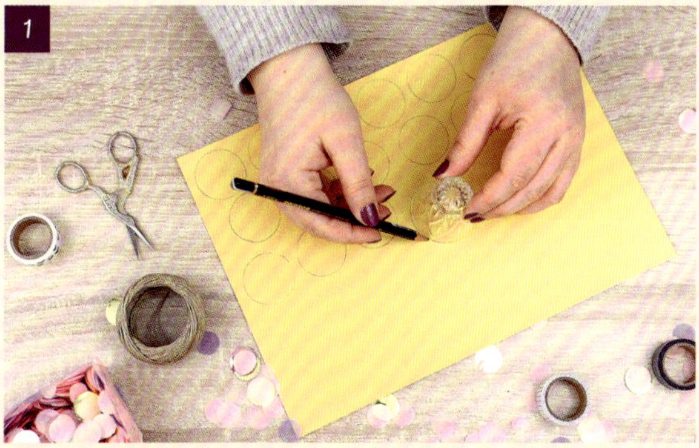

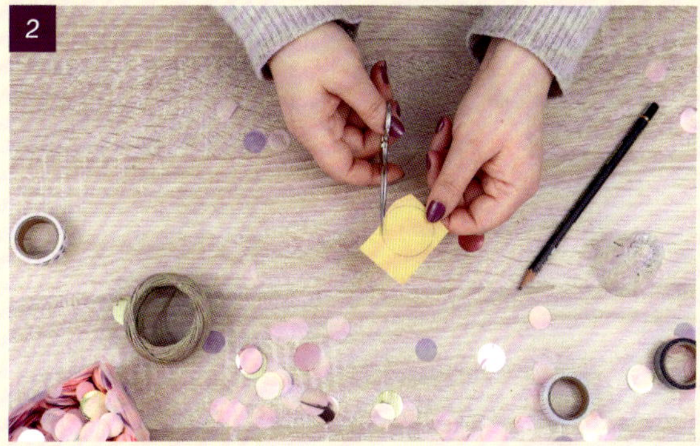

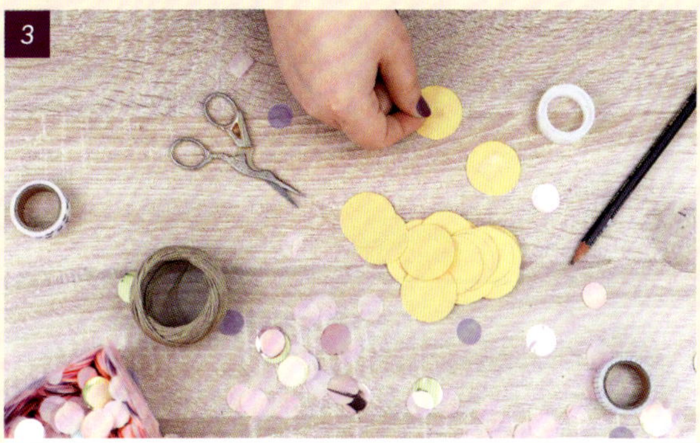

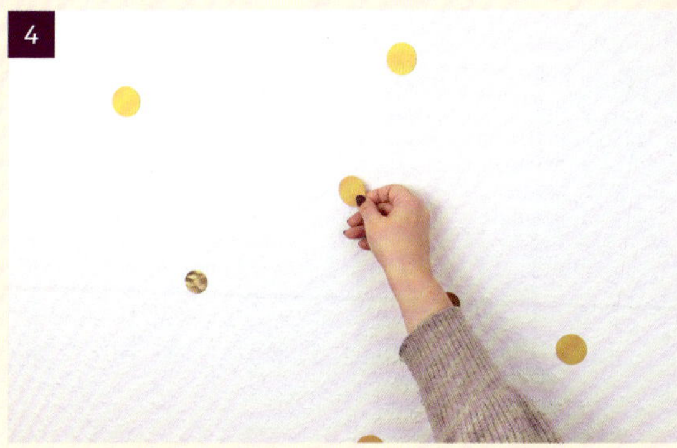

1. Nimm eine Kreisschablone oder ein Glas und zeichne mit Bleistift Kreise auf das Tonpapier und das Goldpapier auf.

2. Schneide die Kreise mit der Schere aus.

3. Schneide etwas vom doppelseitigen Klebeband ab und klebe auf jeden Kreis ein Stück auf.

4. Nun kannst du die Kreise einfach nach Belieben an die Wand kleben. Sie lassen sich später einfach wieder ablösen.

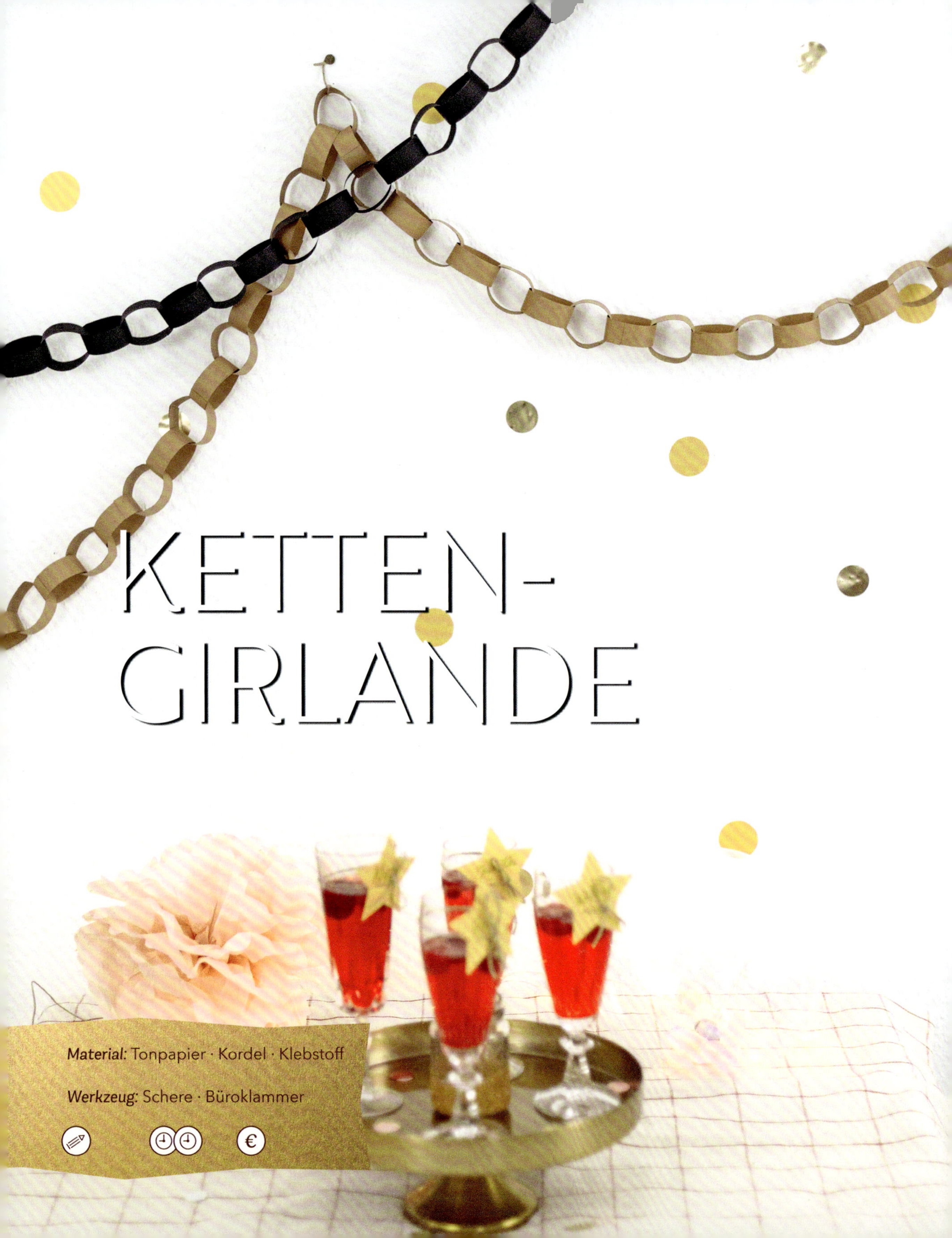

KETTEN-GIRLANDE

Material: Tonpapier · Kordel · Klebstoff

Werkzeug: Schere · Büroklammer

Wenn es darum geht, deine Party zu dekorieren, kann es nie genug Girlanden geben. Eine schnelle Variante sind Kettengirlanden. Diese süßen Girlanden werden dich vielleicht an deine Kindheit erinnern. Sie sind ganz einfach herzustellen und sehen auch noch toll aus!

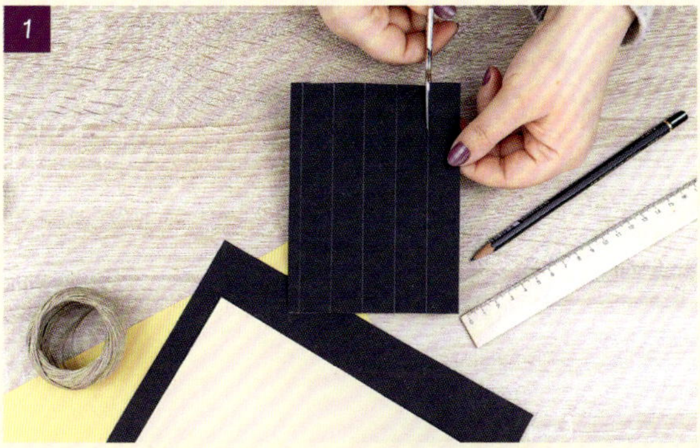

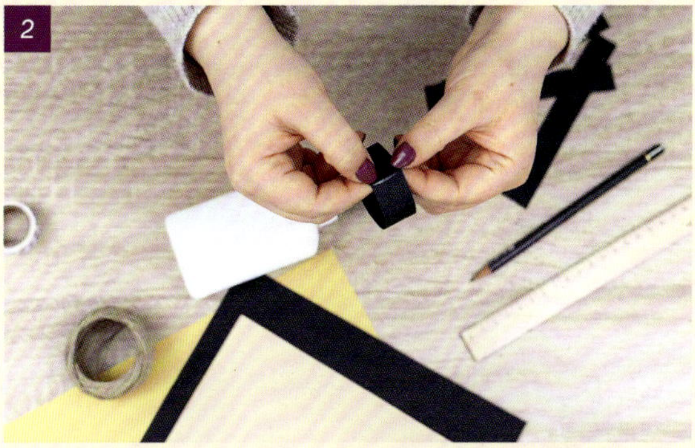

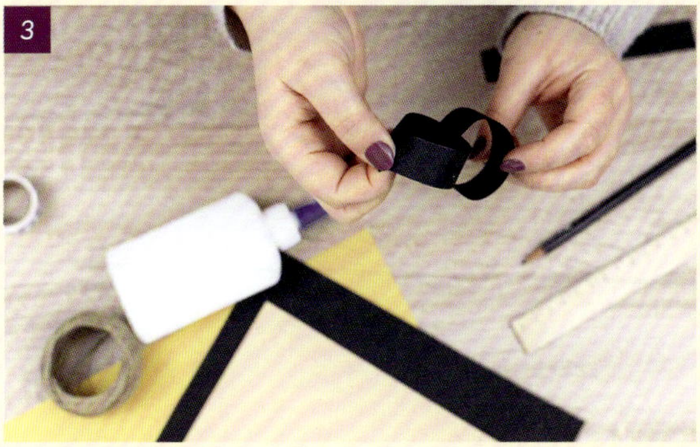

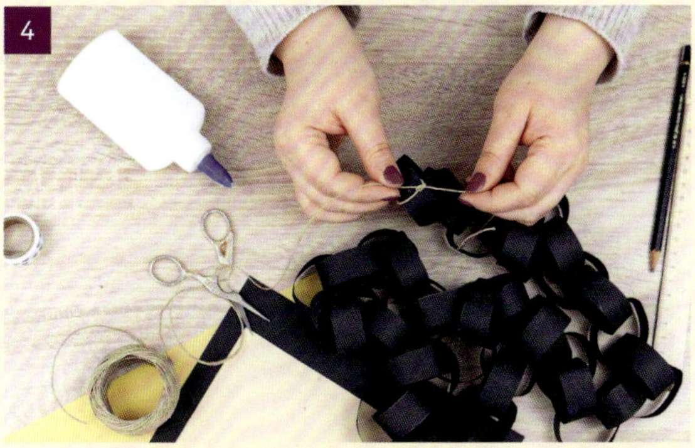

1. Schneide aus dem Tonpapier Streifen, die etwa 14 cm lang und 2 cm breit sind, aus. Du kannst mehrere Lagen Papier übereinanderlegen, damit das Ausschneiden schneller geht.

2. Nimm einen Streifen, lege die Enden zu einem Ring zusammen und klebe sie fest.

   Anschließend fixierst du die Stelle mit einer Büroklammer.

3. Ziehe den nächsten Papierstreifen durch den ersten Ring, klebe ihn ebenfalls fest und fixiere ihn wieder mit einer Büroklammer. Fahre mit weiteren Papierstreifen so fort, bis deine Girlande die gewünschte Länge hat.

4. Zum Aufhängen benötigst du noch zwei Stück Kordel, die du jeweils an den ersten und den letzten Ring bindest.

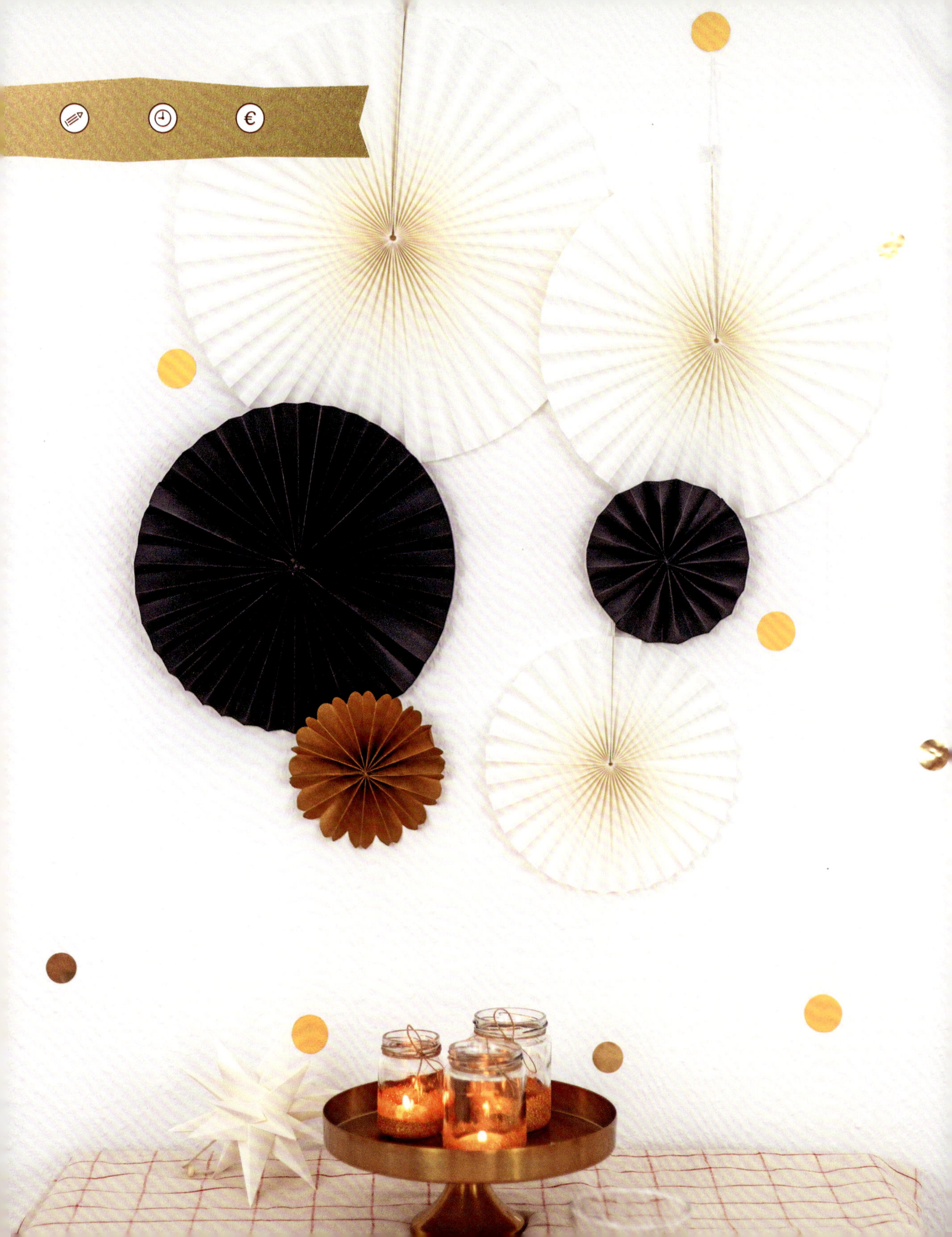

PAPIERFÄCHER

Mit Papierfächern, auch Papierrosetten genannt, kannst du ganz einfach eine wunderschöne Partydekoration kreieren. Durch die Kombination verschiedener Farben und Größen kannst du einzigartige Akzente an deinen Wänden setzen und sie festlich dekorieren.

Material:

- ✓ Geschenkpapier
- ✓ Kordel oder Draht

Werkzeug:

- ✓ Schere
- ✓ Klebstoff
- ✓ Bleistift
- ✓ Lineal

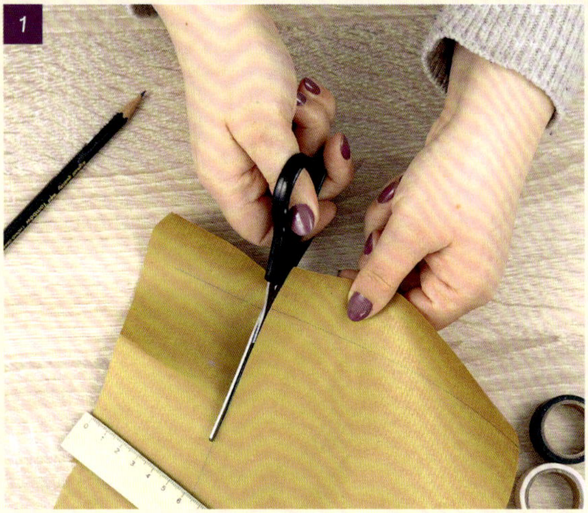

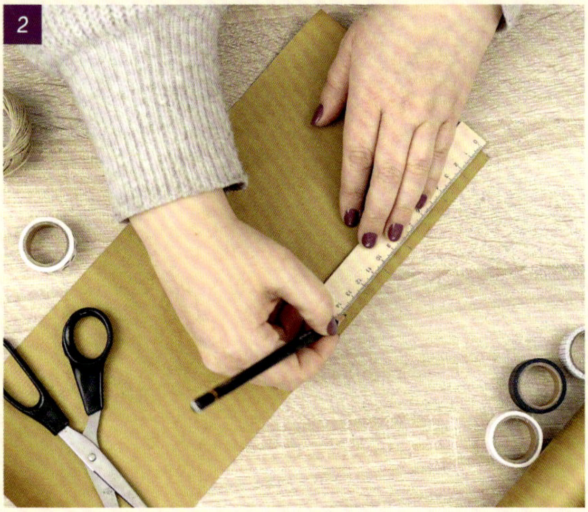

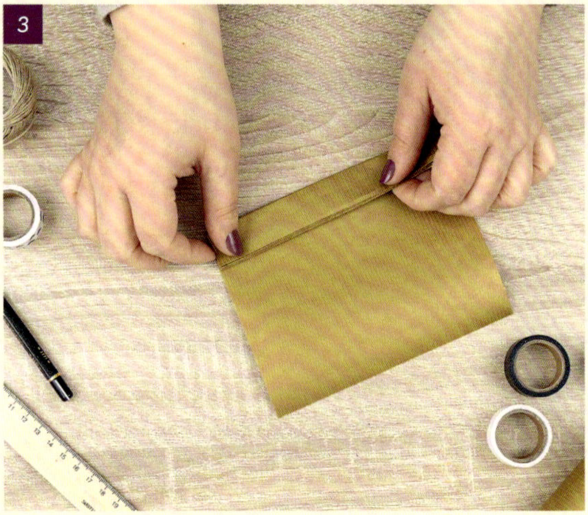

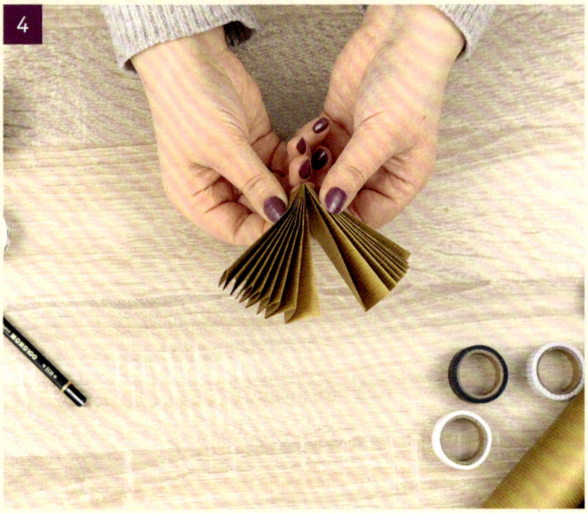

1. Schneide ein 32 × 76 cm großes Rechteck aus dem Geschenkpapier aus; 16 × 38 cm für kleinere Papierfächer.

2. Zeichne dir an der Längsseite mit Lineal und Bleistift etwa alle 2 cm eine Markierung ein, damit der Fächer schön gleichmäßig wird. Du kannst an den Markierungen das Papier auch einmal falzen, dann geht der nächste Schritt noch leichter.

3. Falte nun das Papier wie eine Ziehharmonika zu einem Fächer zusammen.

4. Knicke den Fächer anschließend einmal fest in der Mitte und schneide ihn links und rechts etwa 2 mm ein.

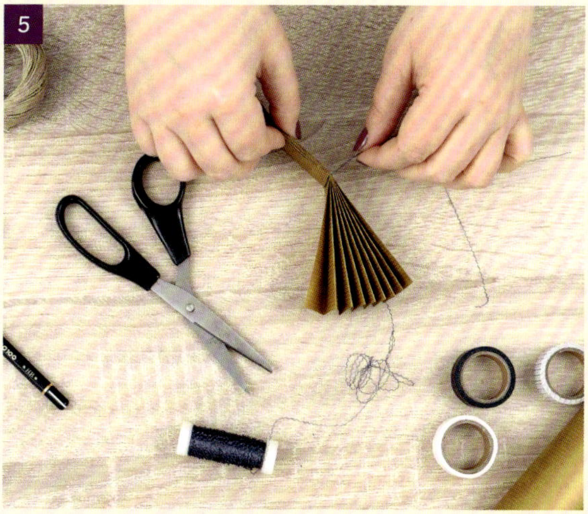

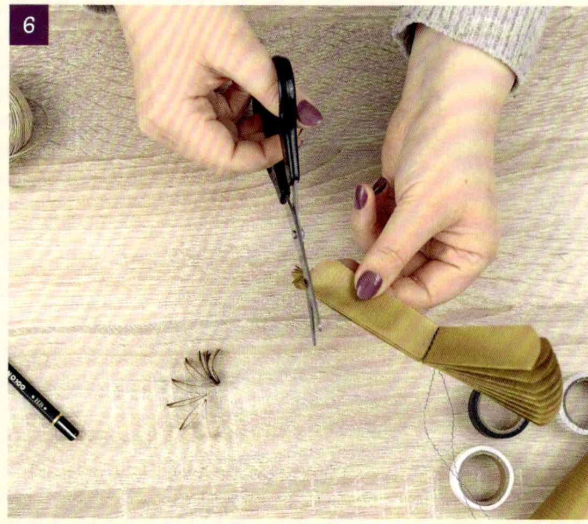

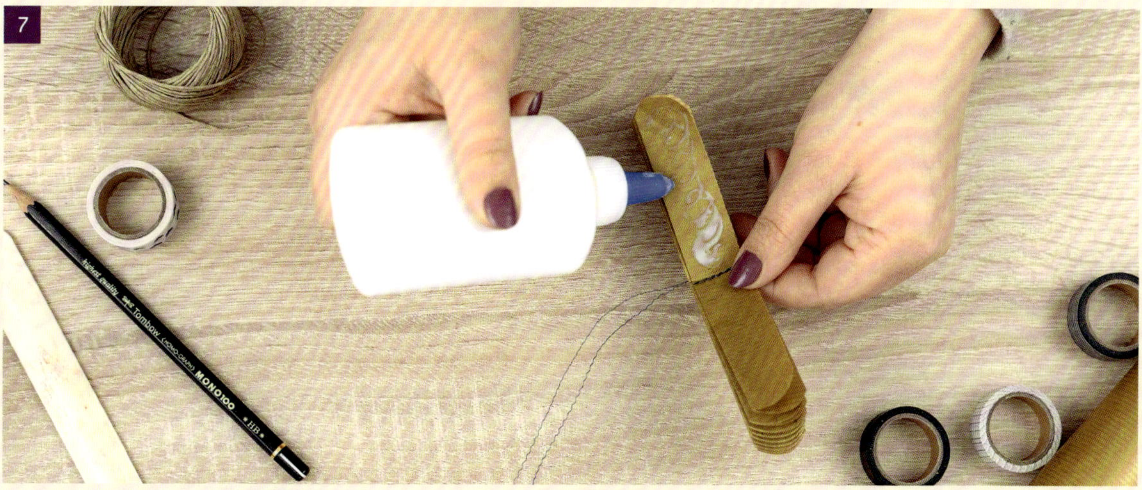

5. Knote an der eingeschnittenen Stelle ein Stück Kordel fest oder binde ein Stück Draht herum. Daran wird der Fächer später aufgehängt.

6. Schneide die Enden des Fächers rund oder spitz mit der Schere zurecht.

7. Falte den Fächer nach beiden Seiten auf und klebe die Seitenteile aneinander, sodass ein großer Fächer entsteht.

TISCHDEKO

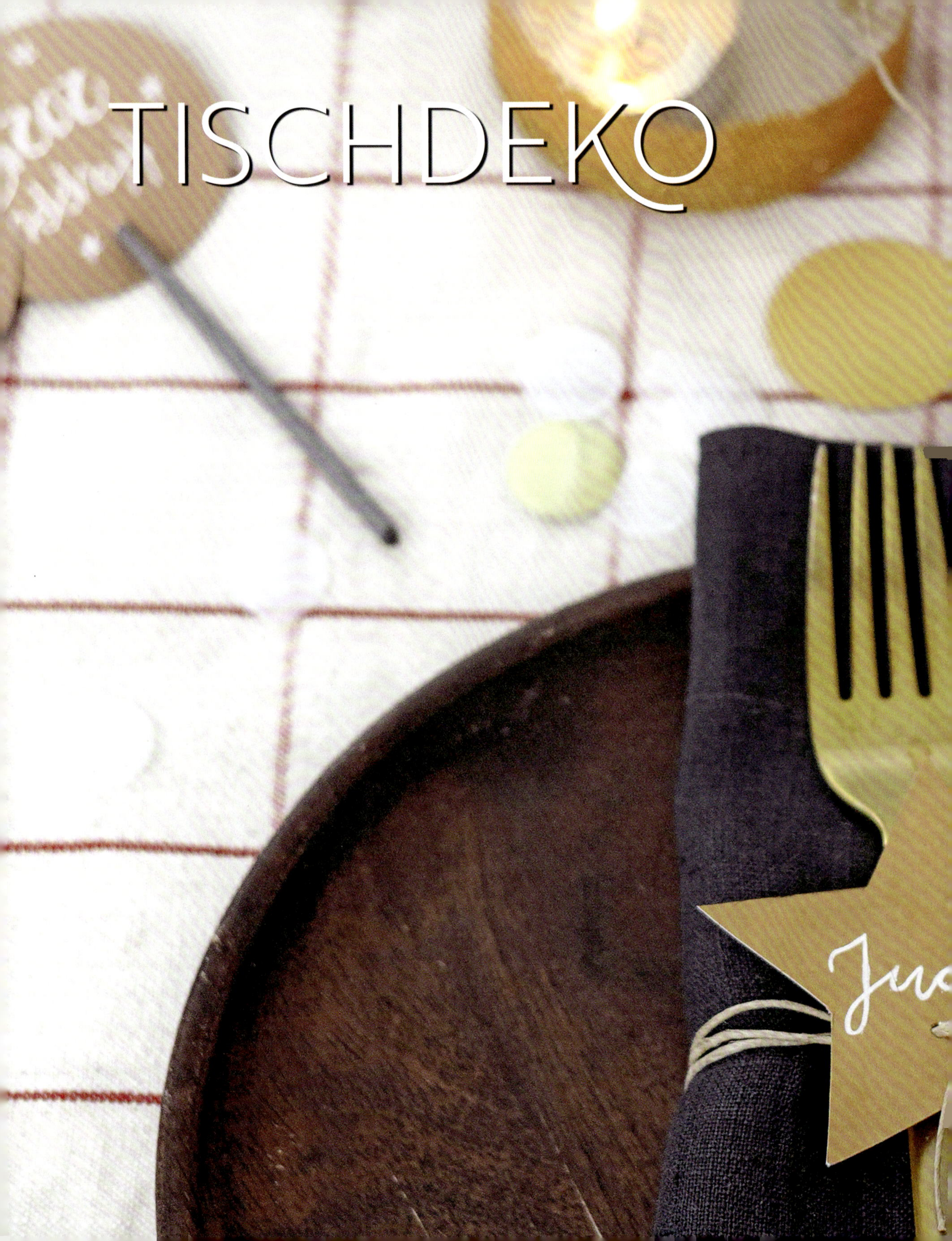

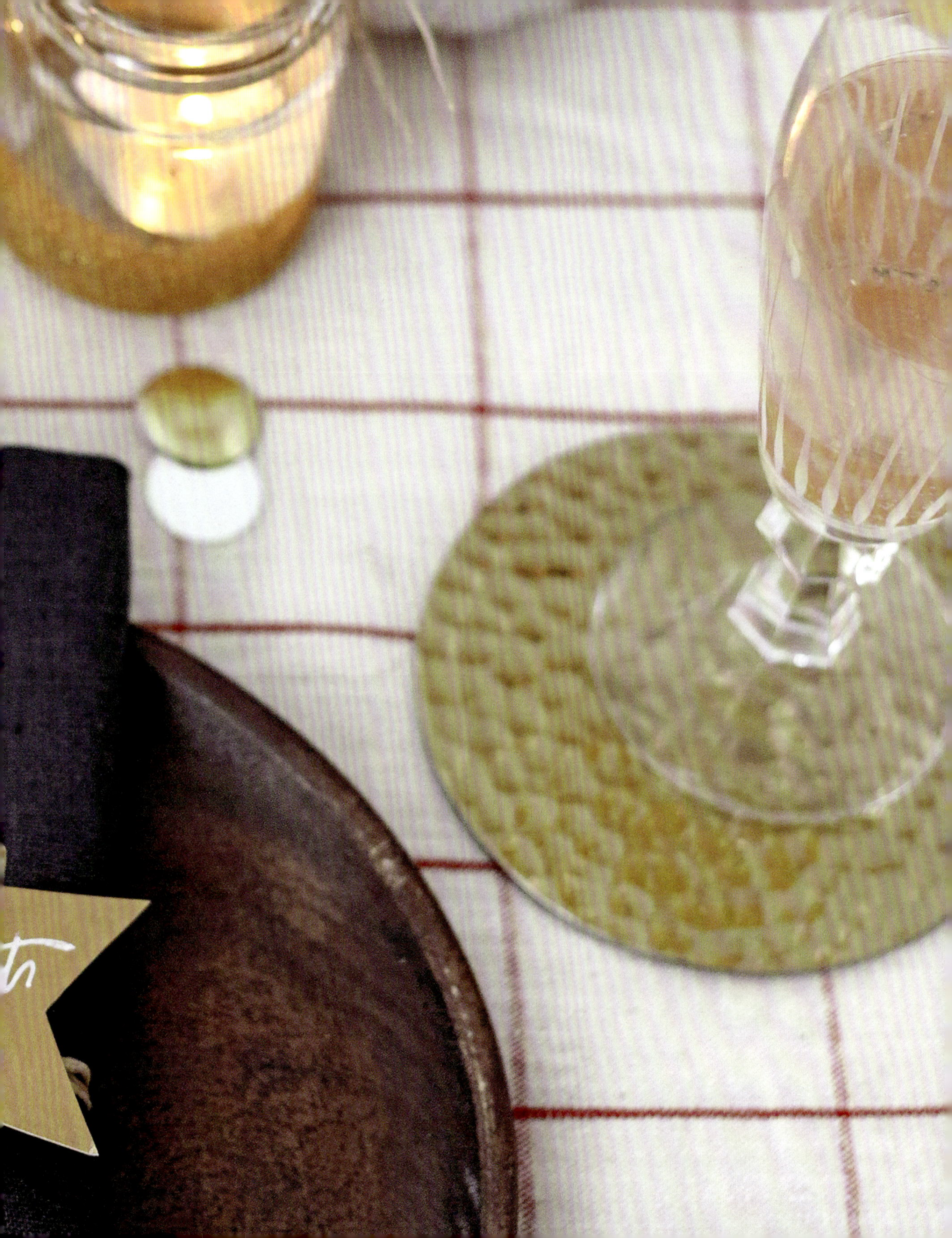

GLITZER-TEELICHTER

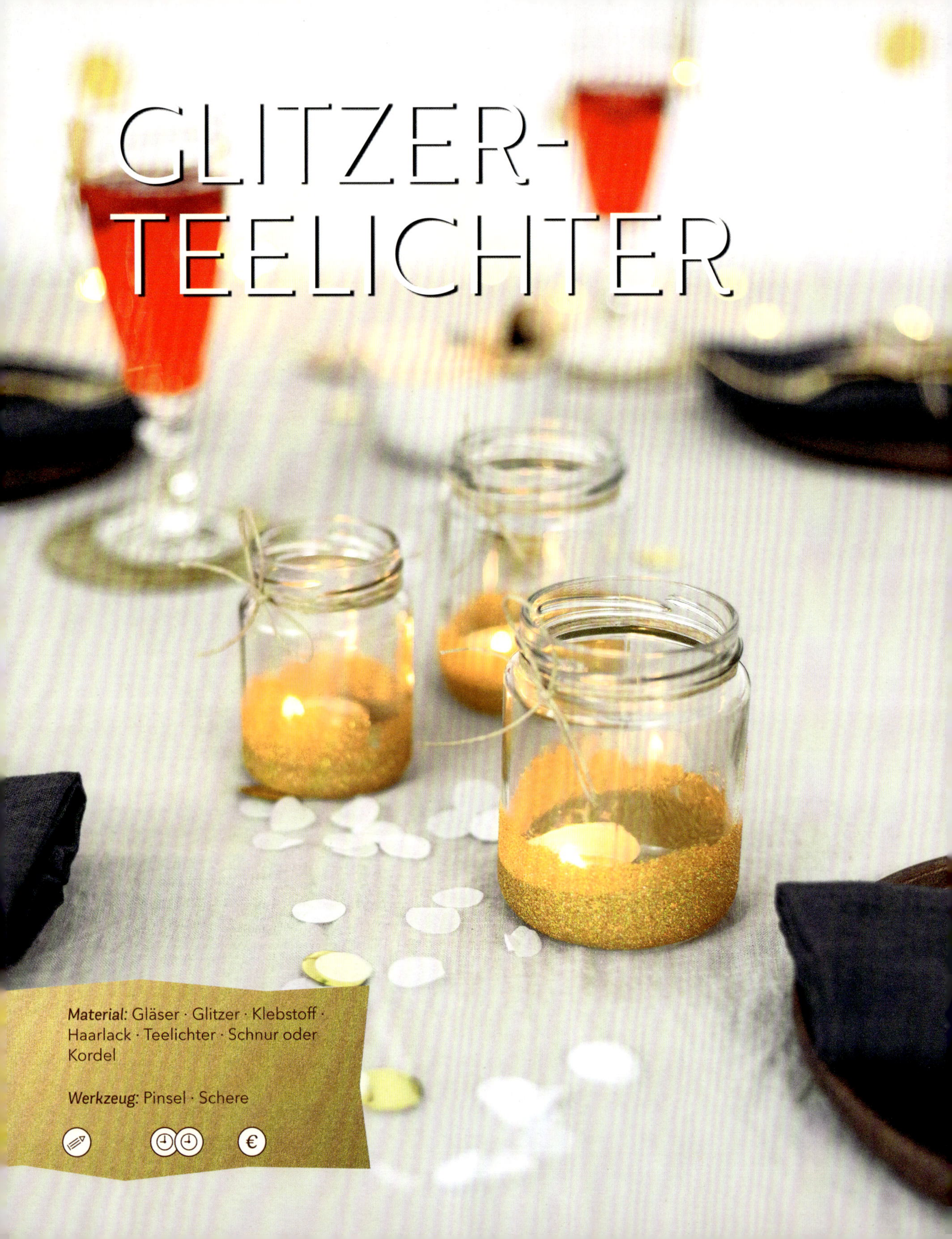

Material: Gläser · Glitzer · Klebstoff · Haarlack · Teelichter · Schnur oder Kordel

Werkzeug: Pinsel · Schere

Kerzen gehören ebenfalls zur Grundausstattung jeder Party- und Tischdekoration. Doch um das Jahresende angemessen zu feiern, muss noch etwas Glitzer her, damit auch unsere Kerzen ein würdiges Party-Outfit bekommen.

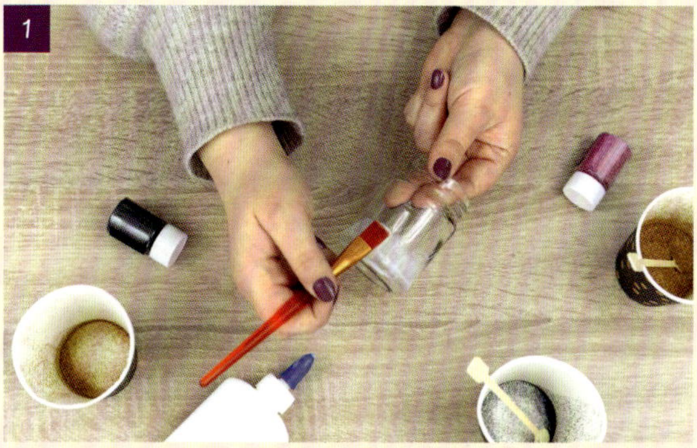

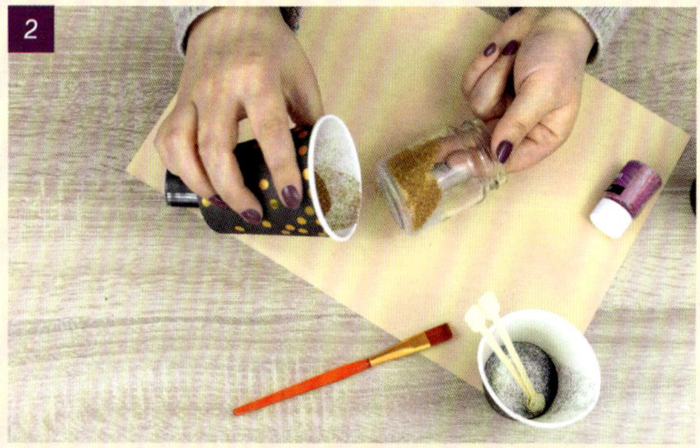

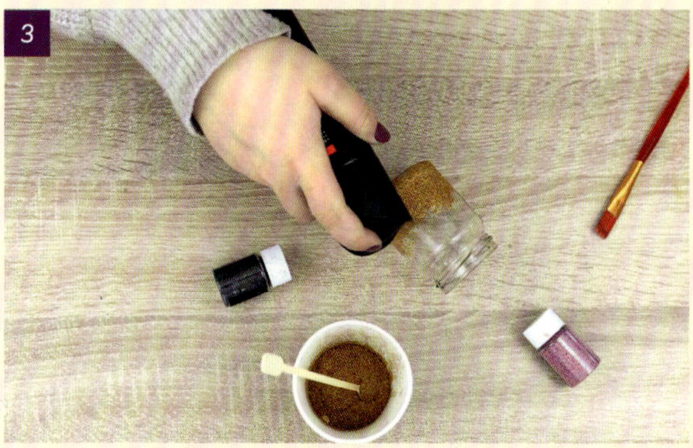

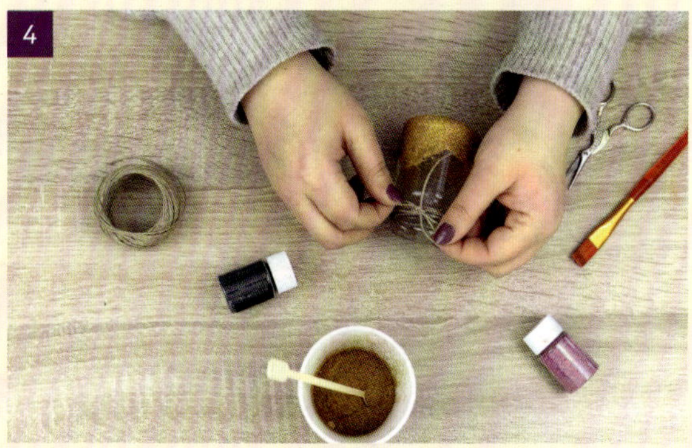

1. Bestreiche ein Glas im unteren Drittel leicht mit Klebstoff und lass ihn kurz antrocknen.

2. Streue großzügig Glitzer über den Klebstoff, sodass dieser vollständig bedeckt wird.

3. Lass das Glas etwas trocknen und klopfe dann überschüssigen Glitzer ab. Du kannst ihn auf Papier auffangen und später wiederverwenden. Besprühe das Glas großzügig mit Haarlack, um den Glitzer zu fixieren.

4. Verziere das Glas zusätzlich mit einer Schnur oder Kordel, die du am oberen Rand mit einer Schleife befestigst.

STERN-NAMENS-SCHILDER

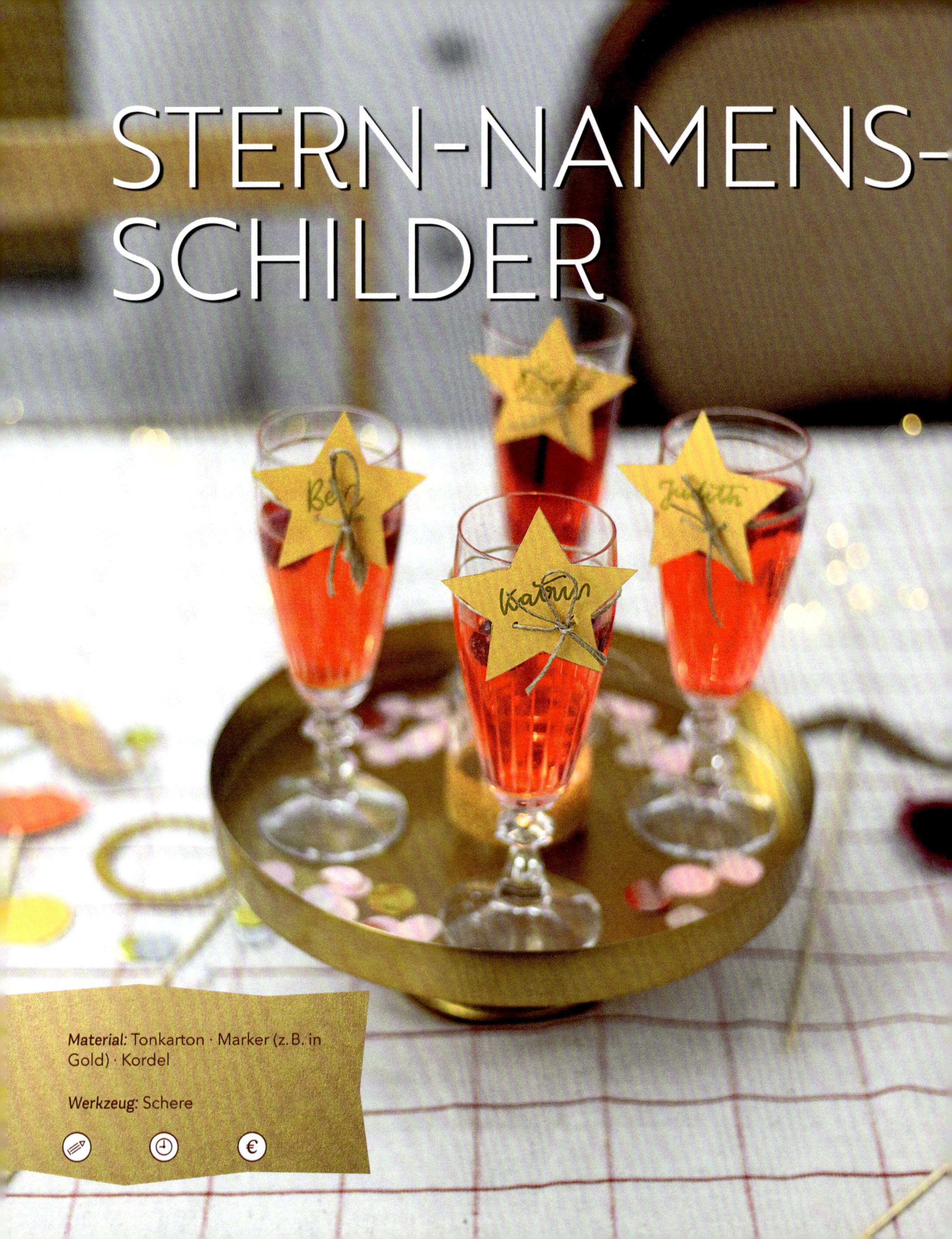

Material: Tonkarton · Marker (z. B. in Gold) · Kordel

Werkzeug: Schere

Die schönen Namensschilder sind nicht nur dekorativ, sondern auch äußerst praktisch, denn mit ihnen weiß jeder Gast, wem welches Glas gehört, und es gibt kein Durcheinander auf dem Tisch.

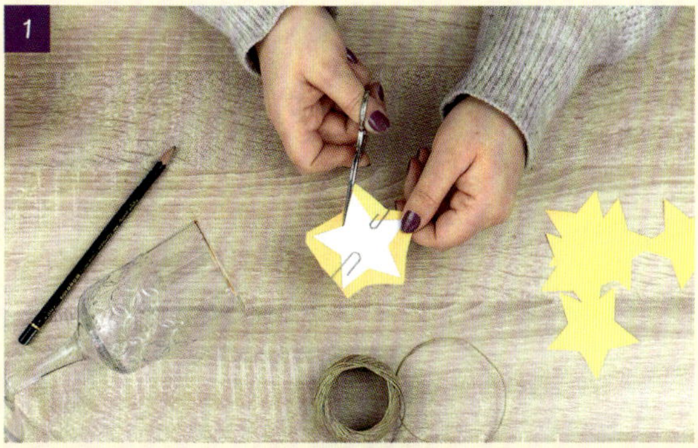

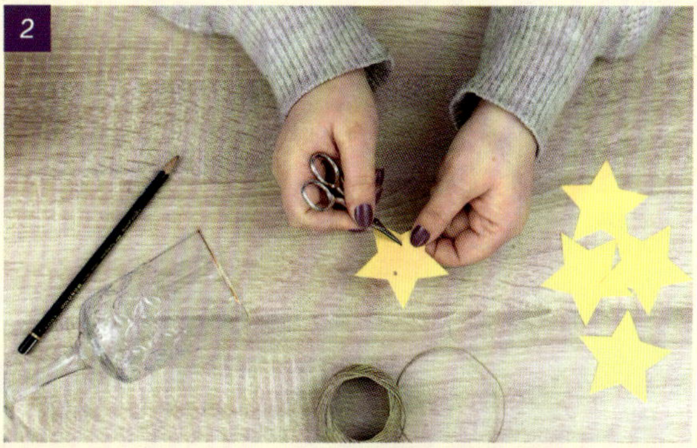

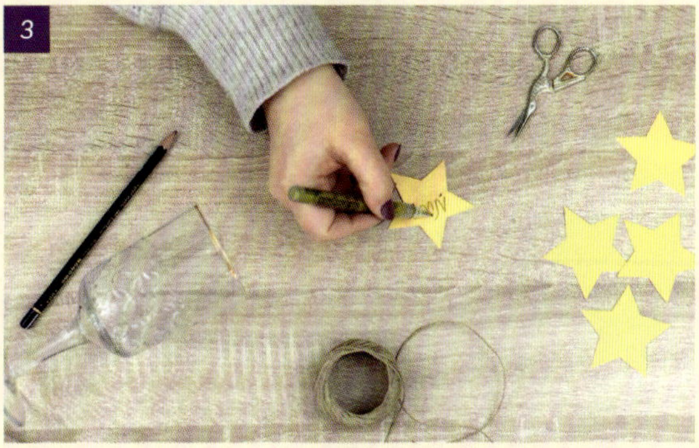

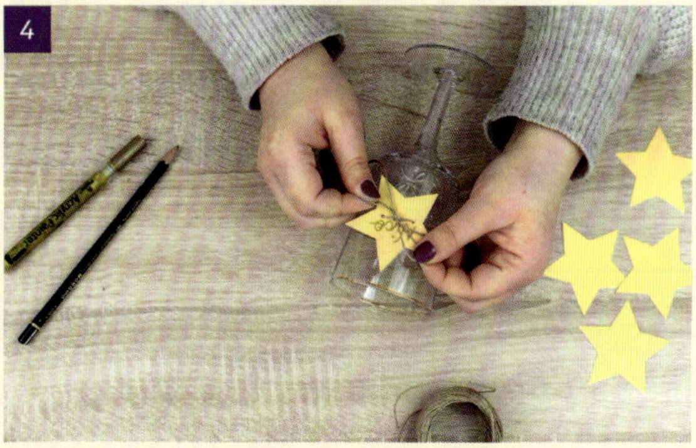

1. Schneide aus Tonkarton mehrere Sterne aus. Du kannst dir hierfür den Stern aus der Vorlage (Seite 85) auf Pauspapier übertragen und auf den Tonkarton legen.

2. Stich mit der Schere oder einem anderen spitzen Gegenstand zwei Löcher in den Stern.

3. Nun kannst du den Stern mit den jeweiligen Namen beschriften.

4. Zum Schluss ziehe die Kordel durch die Löcher und binde das Namensschild um das Glas.

TRINKHALM-DEKO

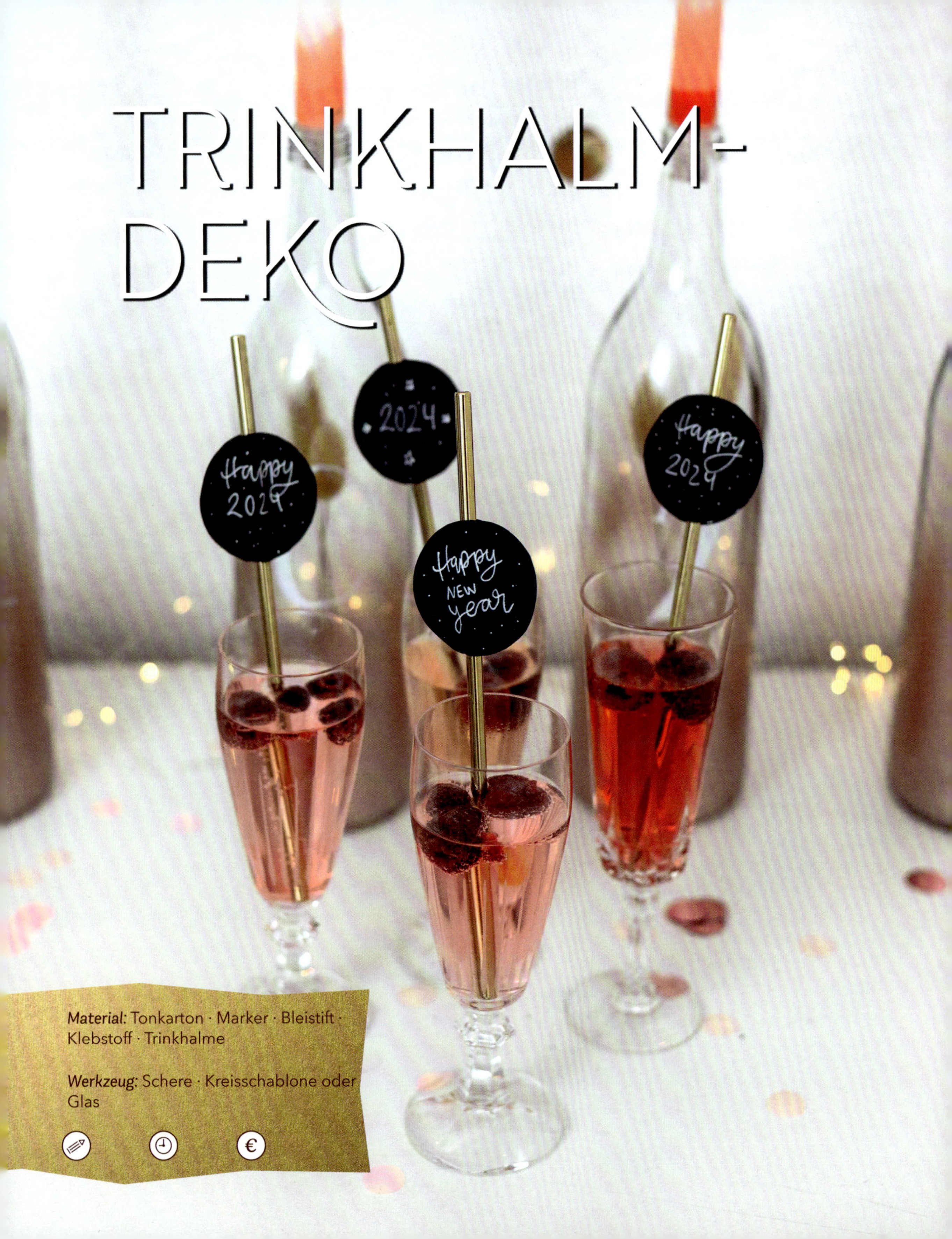

Material: Tonkarton · Marker · Bleistift · Klebstoff · Trinkhalme

Werkzeug: Schere · Kreisschablone oder Glas

Lass uns den Trinkhalmen eine persönliche Note verleihen! Markiere sie auf einer Seite mit den Namen deiner Gäste und verziere die andere Seite mit einem coolen Spruch, der neuen Jahreszahl oder »Happy New Year« im Handlettering-Stil. So können alle miteinander anstoßen und die Langeweile im Glas ist vergessen!

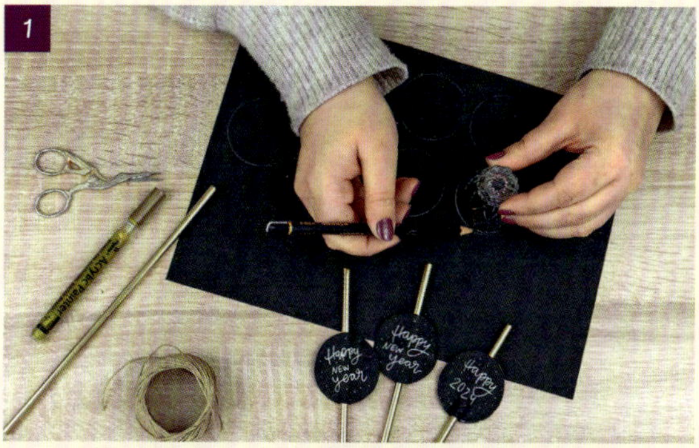

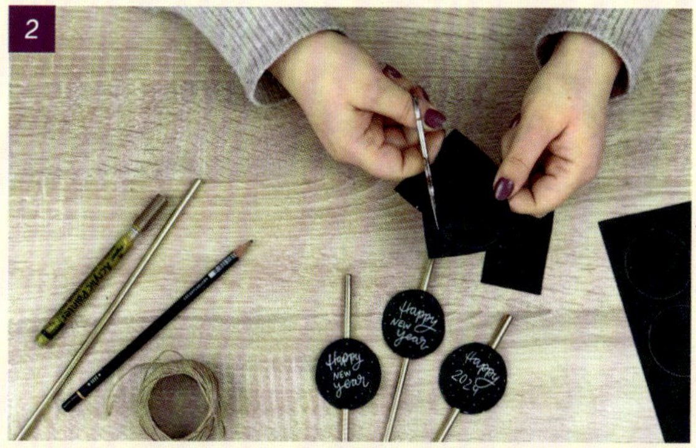

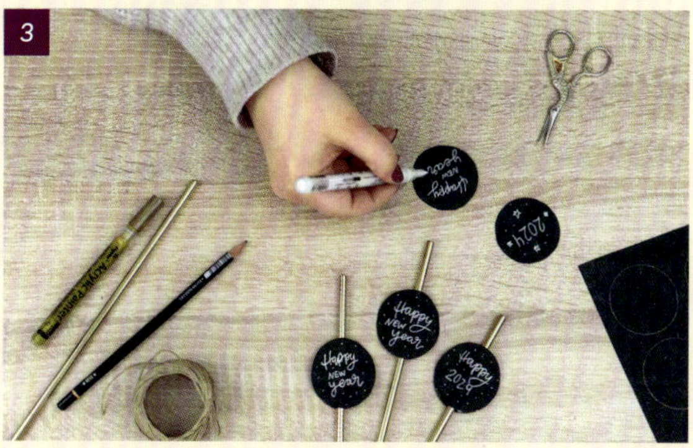

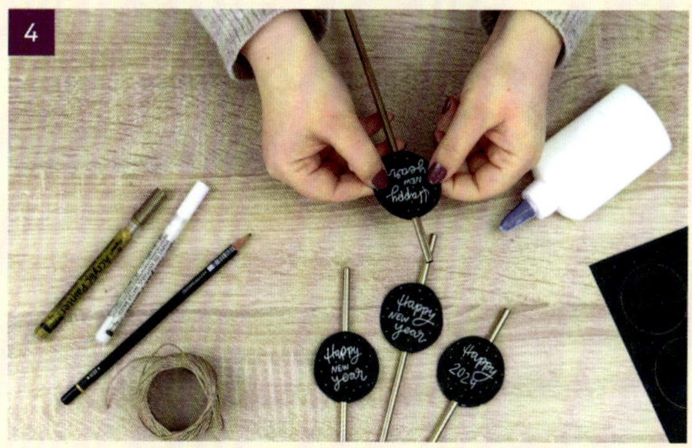

1. Nimm ein Glas als Schablone und zeichne damit Kreise auf den Tonkarton.
2. Schneide Kreise aus. Für jeden Trinkhalm benötigst du zwei Stück.
3. Die Kreise kannst du nun beliebig beschriften und dekorieren, z. B. mit »Happy New Year« (Seite 87), der neuen Jahreszahl oder einem kleinen Spruch.
4. Gib auf der unbeschrifteten Seite links und rechts am Rand der Kreise etwas Klebstoff auf den Tonkarton und lege zwei Kreise hinter und auf den Trinkhalm, um alles miteinander zu verkleben.

DIP-DYE-KERZEN

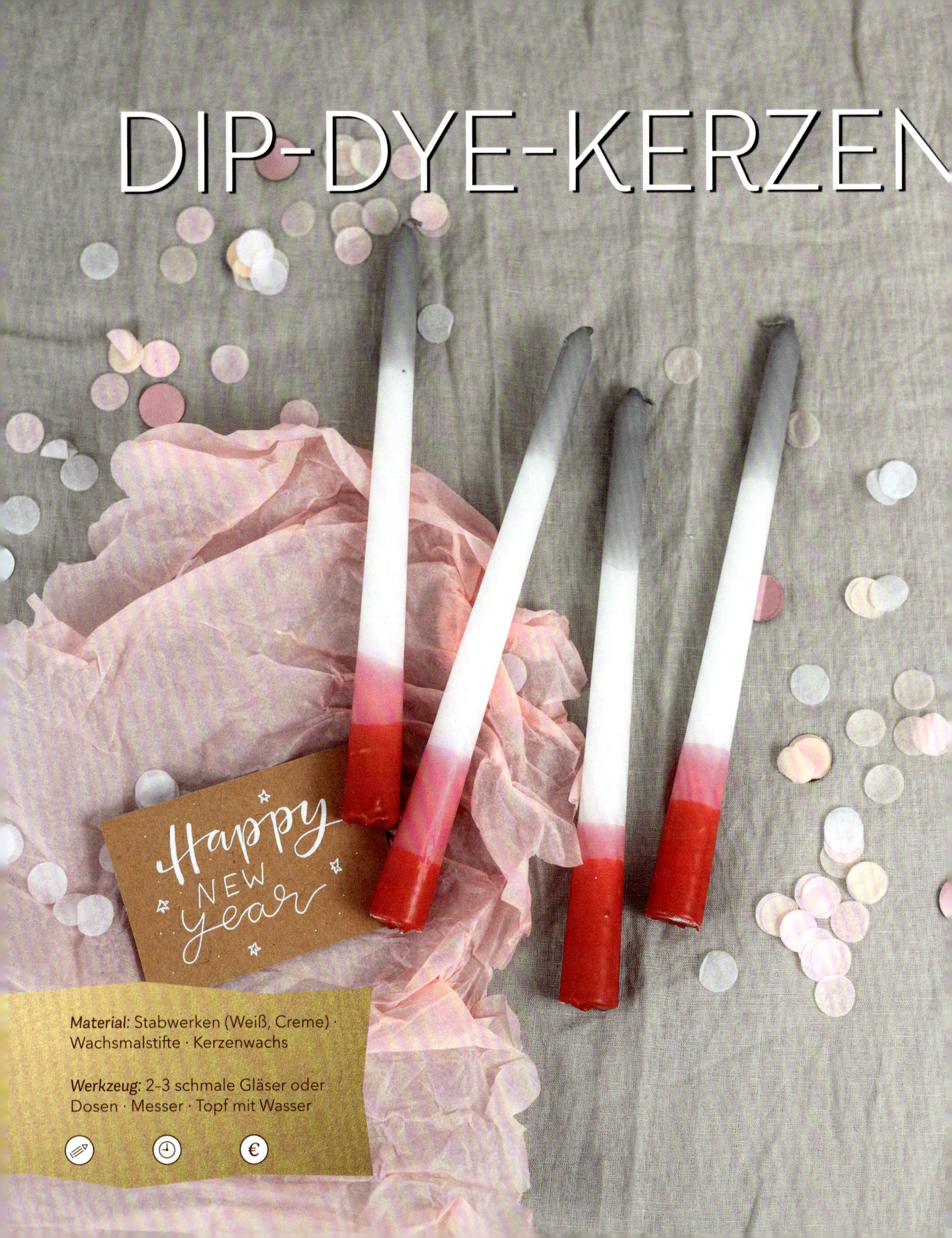

Material: Stabwerken (Weiß, Creme) · Wachsmalstifte · Kerzenwachs

Werkzeug: 2-3 schmale Gläser oder Dosen · Messer · Topf mit Wasser

Mit bunten Dip-Dye Kerzen kannst du einen besonderen Farbakzent auf deinem Tisch setzen und so deiner Tischdeko ein festliches Aussehen verleihen. Aus einfachen weißen Kerzen werden im Handumdrehen besondere Kunstwerke für deine Tischdeko.

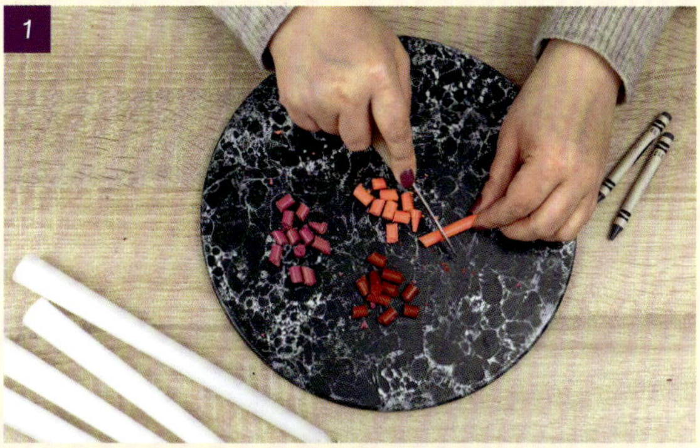

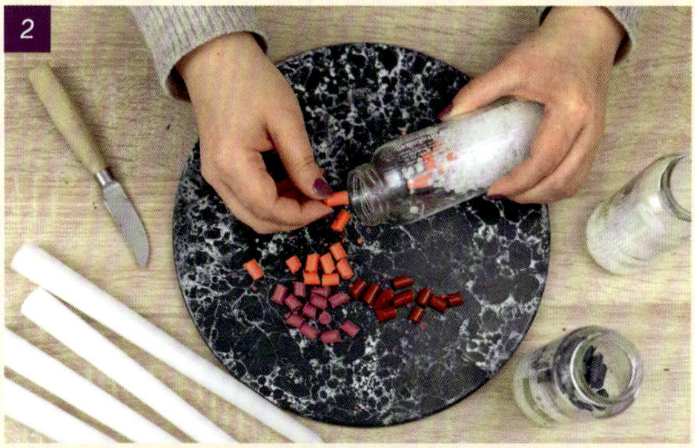

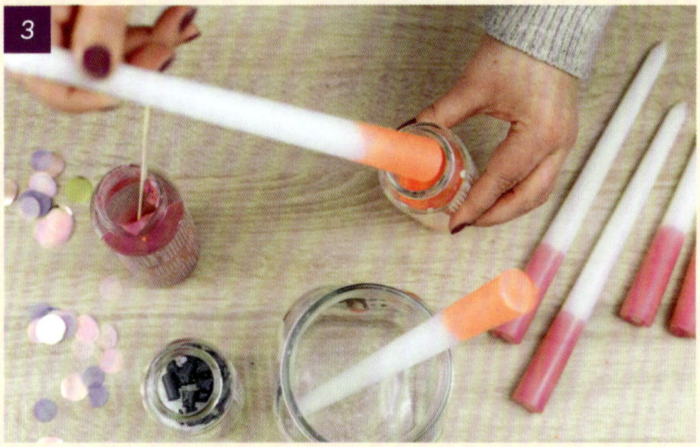

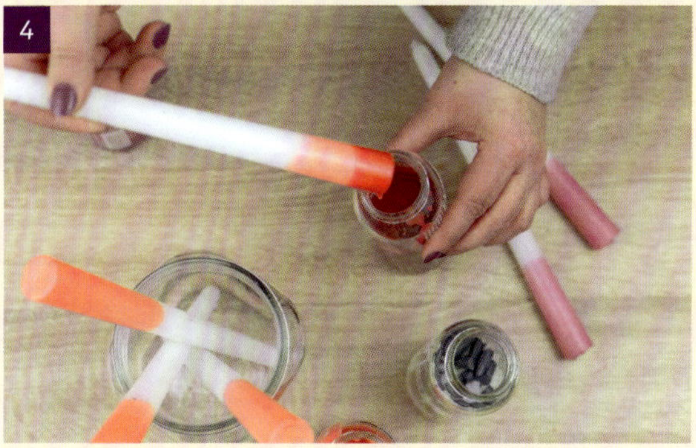

1. Wähle 2-3 Farben aus den Wachsmalstiften aus und zerkleinere sie grob mit dem Messer.
2. Schütte etwas Wachs in die Gläser und gib in jedes Glas deine Wachsmalstiftstücke hinzu.
3. Lass das Wachs langsam im Wasserbad schmelzen und tauche anschließend die Stabkerze kurz hinein.
4. Ziehe sie heraus und stelle sie zum Abkühlen zur Seite. Anschließend tauche die Kerze in die nächste Farbe und lass das Wachs wieder trocknen.

FLASCHEN-KERZENSTÄNDER

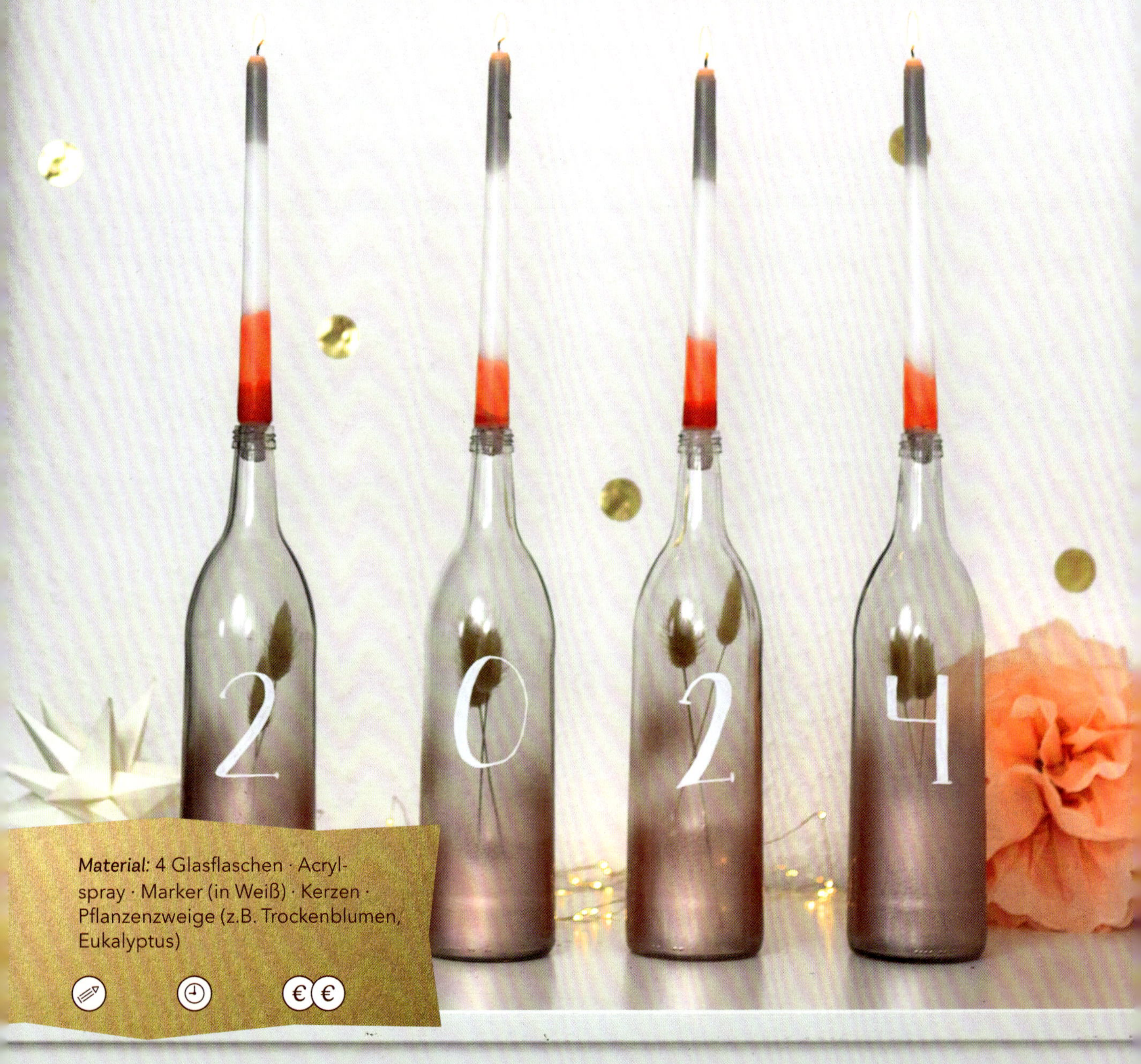

Material: 4 Glasflaschen · Acrylspray · Marker (in Weiß) · Kerzen · Pflanzenzweige (z.B. Trockenblumen, Eukalyptus)

Leere Flaschen sind eine kostengünstige Möglichkeit, um eine wunderschöne und ausgefallene Tischdekoration zu schaffen. Mit ein paar Sprühstößen Acrylfarbe lassen sie sich schnell in einzigartige Kerzenständer und Vasen verwandeln, die jede Tischdekoration vollenden.

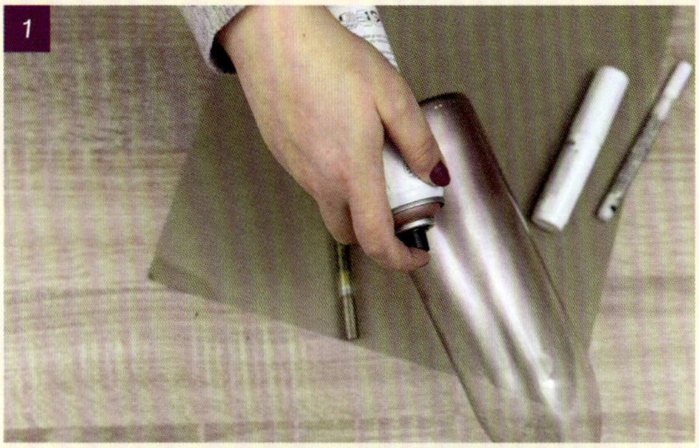

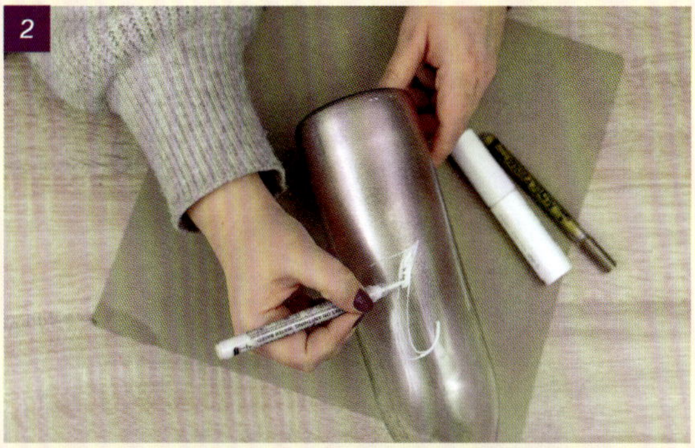

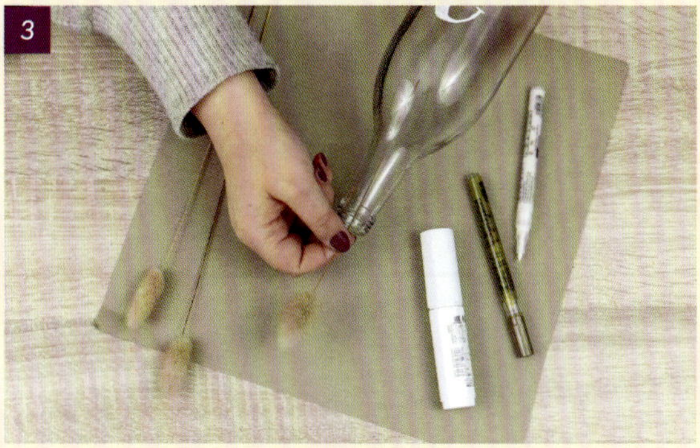

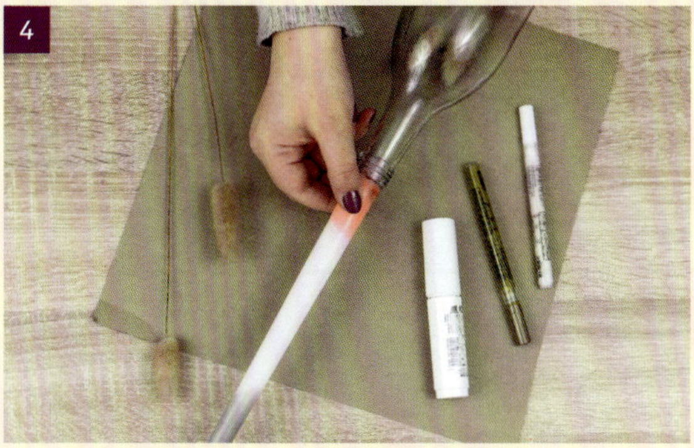

1. Stelle die Flaschen am besten in einen Pappkarton und besprühe sie zu Zweidrittel mit Acrylspray.

2. Wenn die Flaschen getrocknet sind, zeichne mit dem Marker die Jahreszahlen des neuen Jahrs mittig auf.

3. Schneide die Pflanzenzweige auf die passende Länge, sodass sie über den farbigen Teil der Flasche hinausragen, wenn sie bis zum Flaschenboden reichen, und stecke sie anschließend hinein.

4. Zum Schluss stecke in jeden Flaschenhals eine Kerze hinein. Sollten deine Kerzen zu dick sein, kannst du sie am unteren Ende anschmelzen und mit etwas Druck auf die Flasche stellen. Achte darauf, dass die Kerzen wirklich richtig fest sitzen!

SERVIETTEN-HALTER

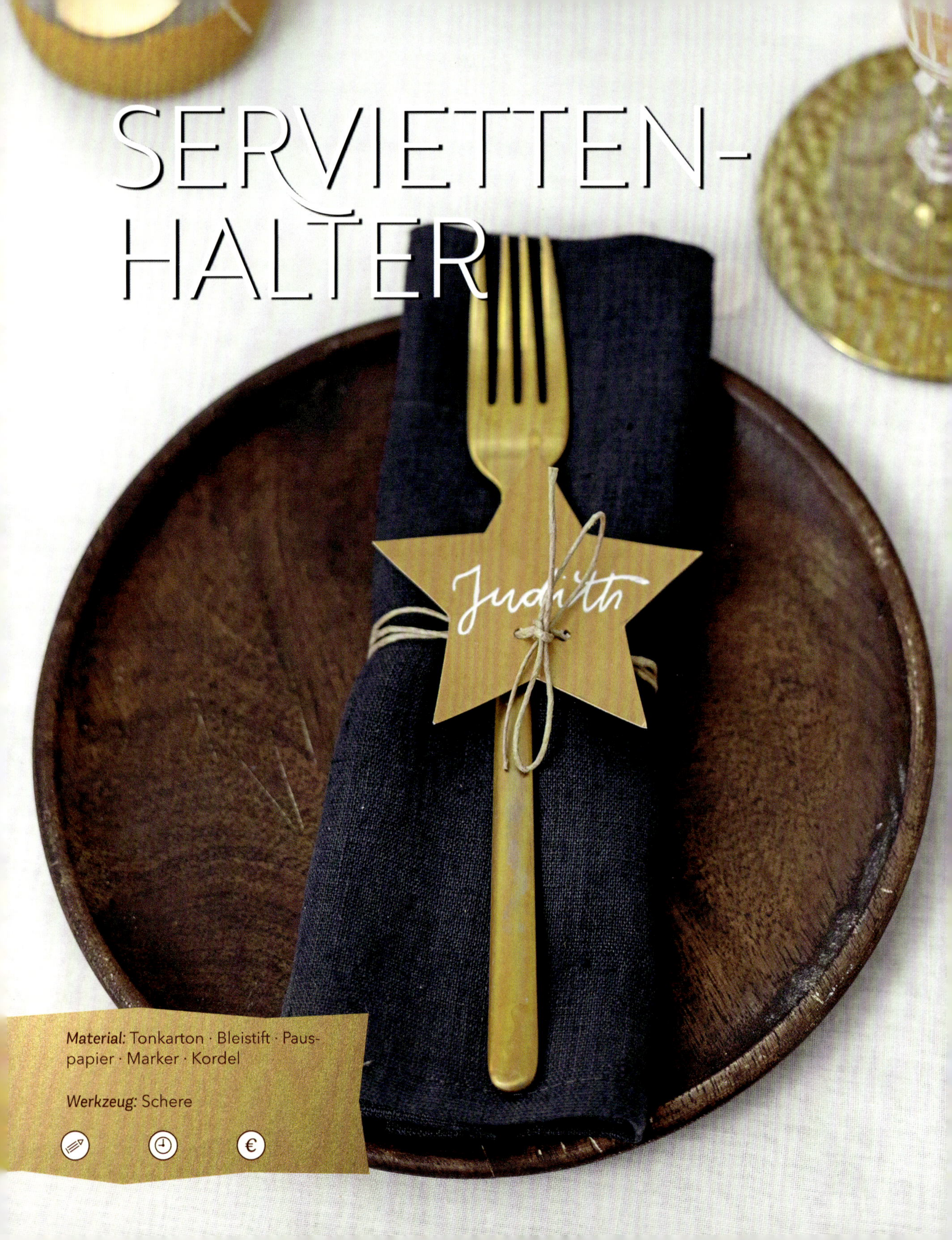

Material: Tonkarton · Bleistift · Pauspapier · Marker · Kordel

Werkzeug: Schere

Serviettenhalter sind ideal, um den Tisch schnell und einfach festlich zu dekorieren. Sie sind nicht nur dekorativ, sondern auch praktisch, da sie gleichzeitig als Platzkarten für deine Gäste dienen und deine festliche Tischdeko perfekt abrunden.

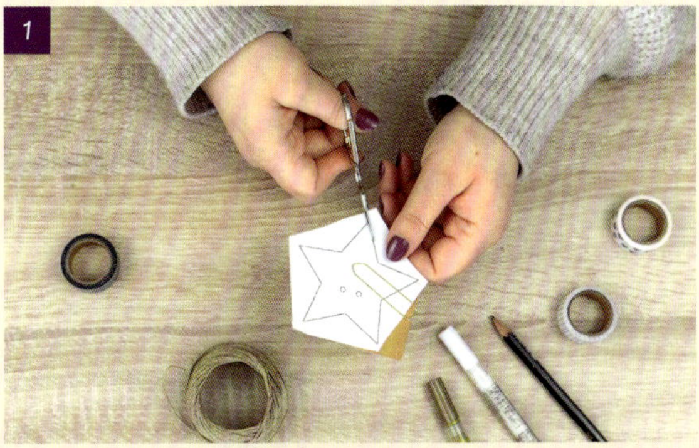

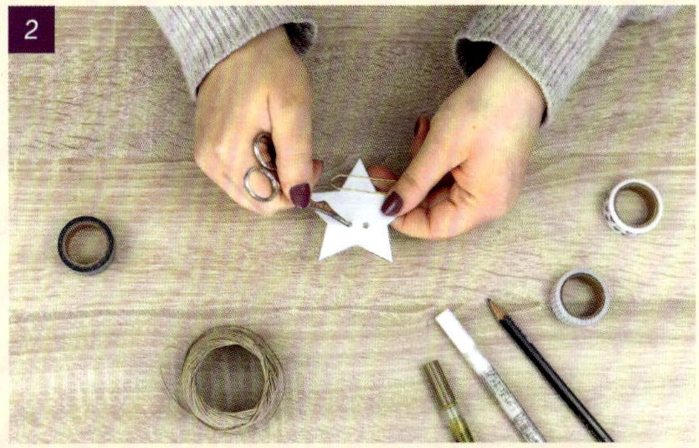

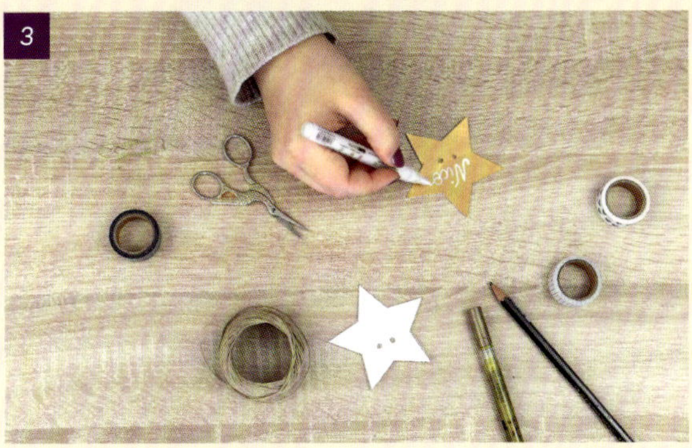

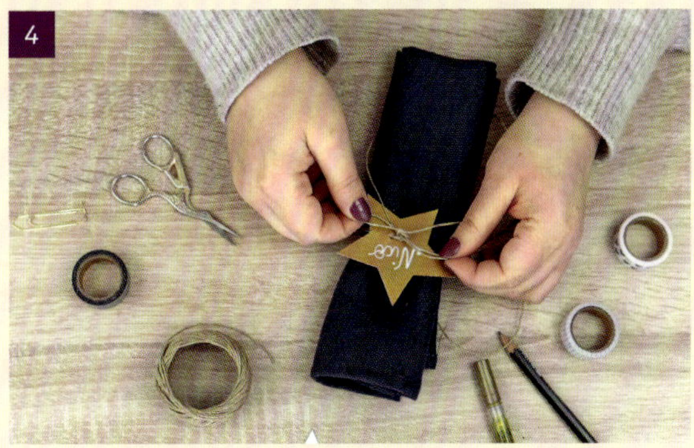

1. Schneide den Stern aus Tonkarton aus. Du kannst ihn dir aus den Vorlagen (Seite 85) auf Pauspapier übertragen.

2. Bohre mit der Schere oder einem anderen spitzen Gegenstand die beiden Löcher in den Stern hinein.

3. Mit dem Marker kannst du den Stern nun beschriften. Zum Beispiel mit dem Namen deiner Gäste oder mit »Happy New Year«.

4. Ziehe anschließend die Kordel durch die beiden Löcher und binde den Stern um die zusammengerollte Serviette herum.

SPIELE & UNTERHALTUNG

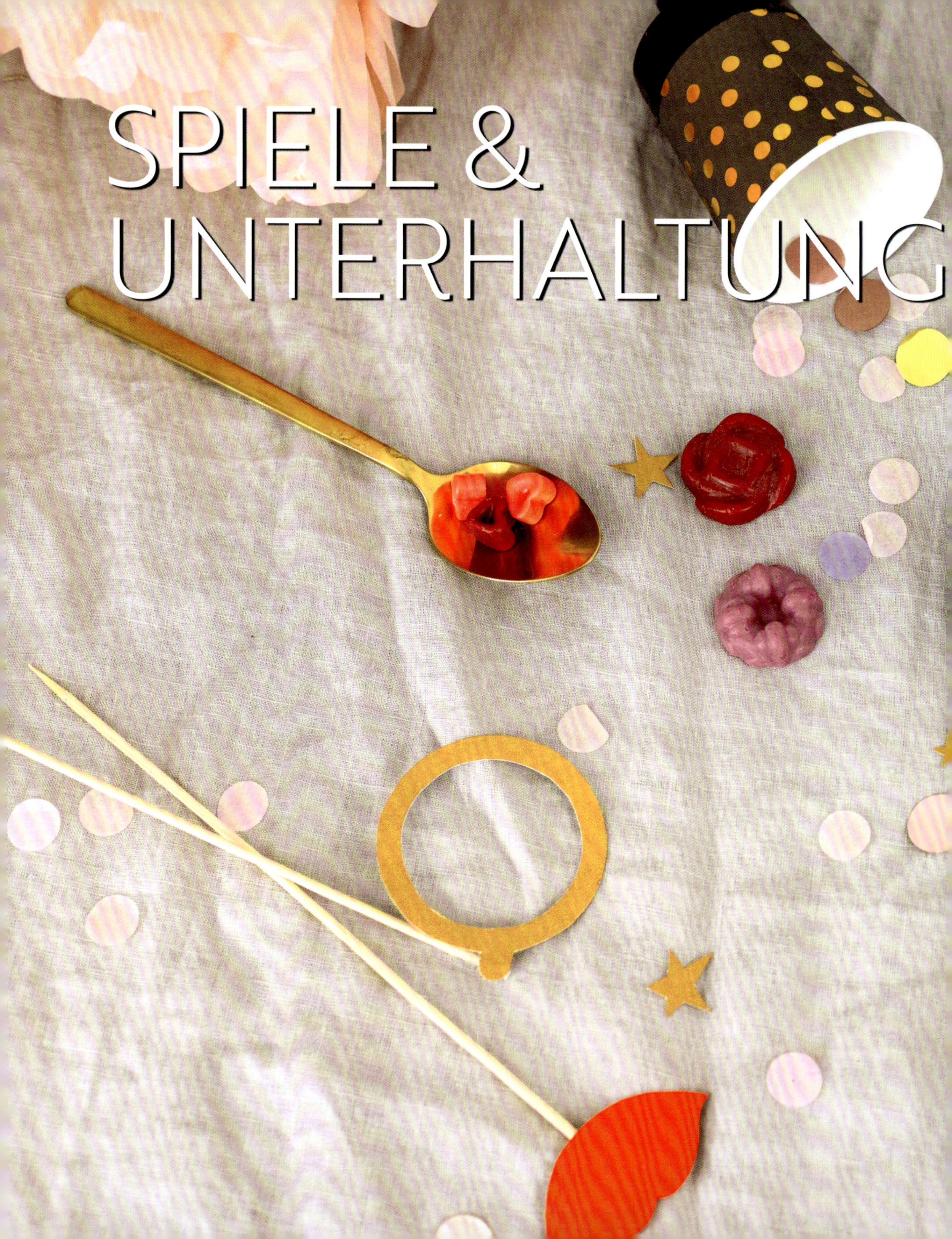

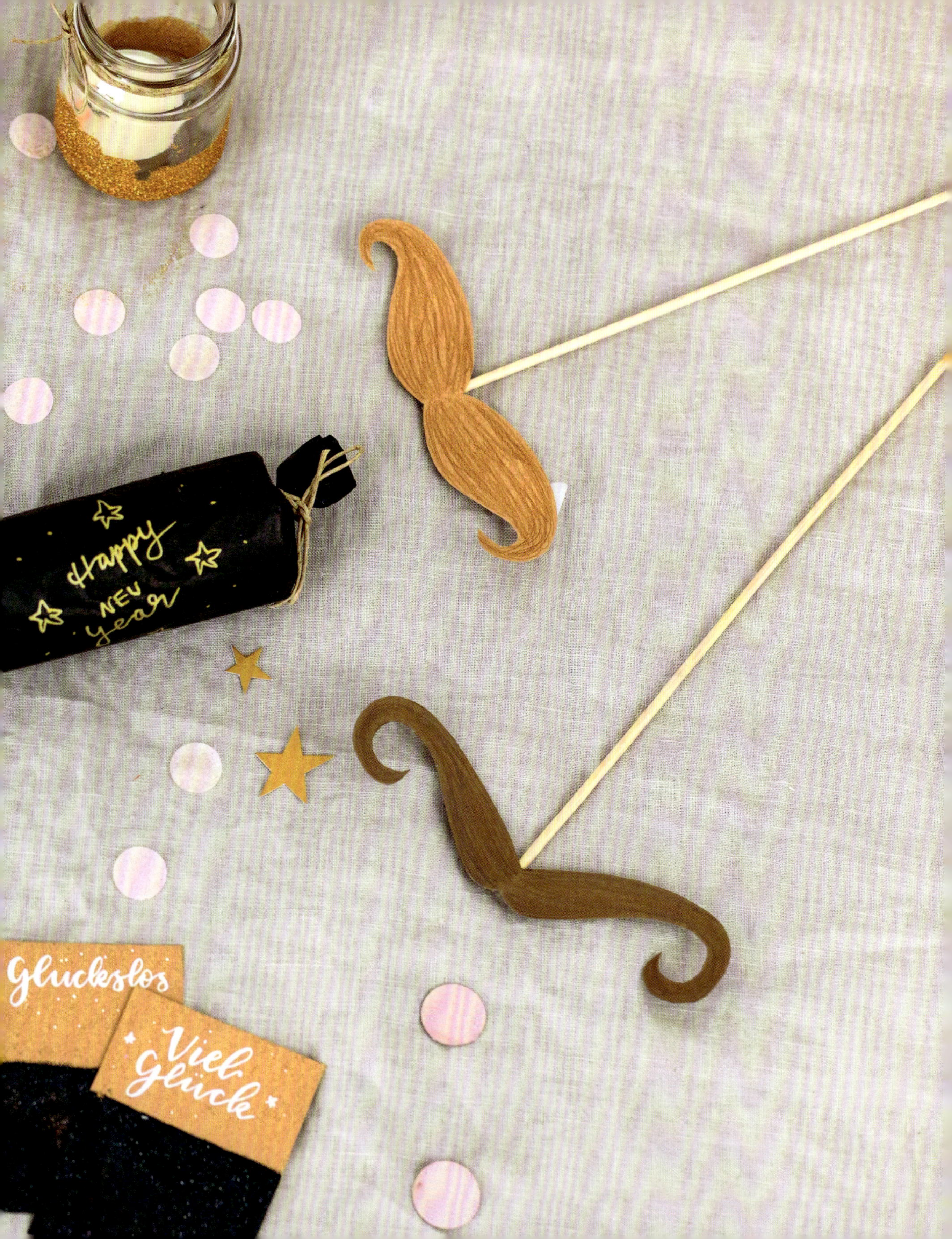
Happy
NEW
year
Glückslos
Viel
Glück

WACHSGIESSEN

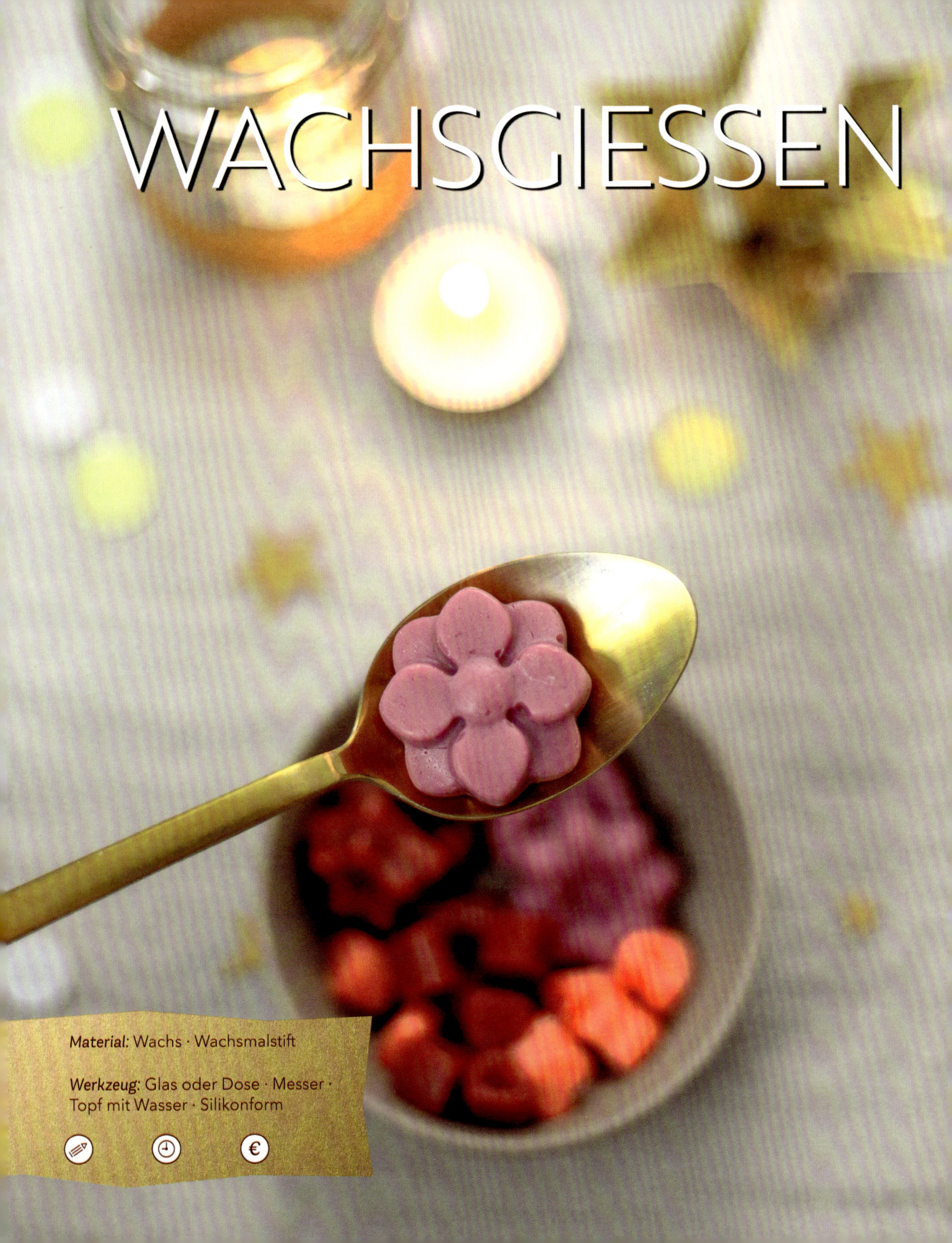

Material: Wachs · Wachsmalstift

Werkzeug: Glas oder Dose · Messer · Topf mit Wasser · Silikonform

Eine typische Tradition zu Silvester ist das Blei- bzw. Wachsgießen. Dabei werden kleine Wachsstücke geschmolzen und in Wasser gegossen, um zu erfahren, welche Überraschungen und Abenteuer das neue Jahr bereithält. Bist du bereit zu erfahren, was dich nächstes Jahr erwartet?

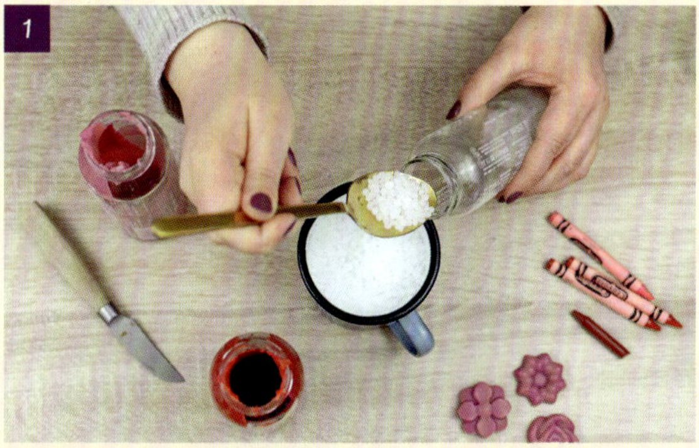

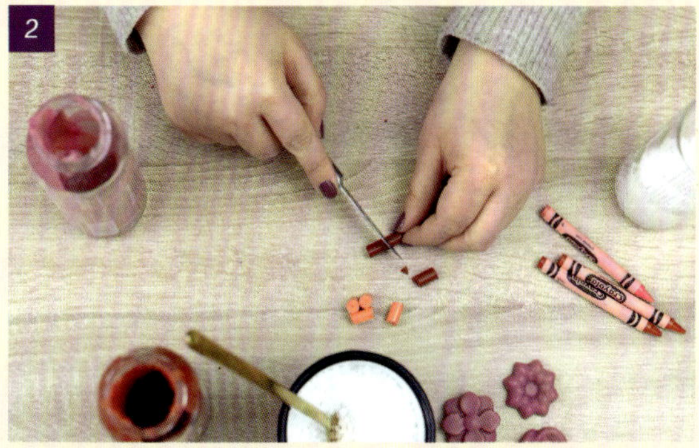

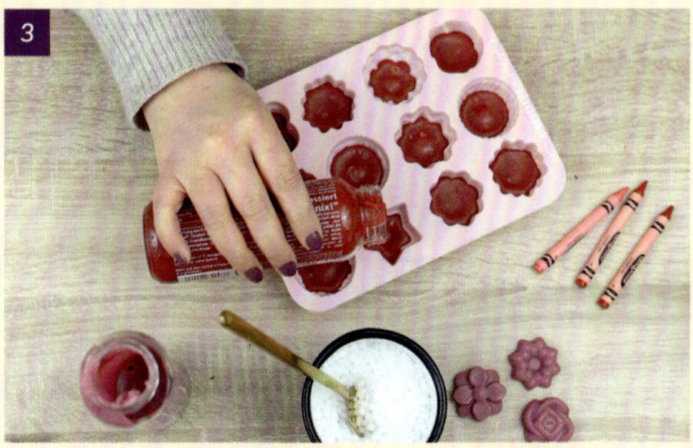

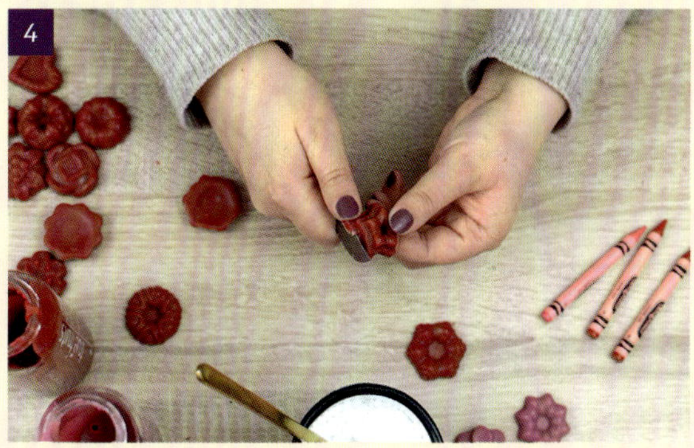

1. Wähle 2-3 Wachsmalstifte in unterschiedlichen Farben aus und zerkleinere sie grob mit dem Messer.

2. Fülle Wachs (z. B. Wachslinsen) in die Gläser, bis sie halb voll sind, und gib in jeweils ein Glas deine Wachsmalstiftstücke einer Farbe hinzu.

3. Lass das Wachs langsam im Wasserbad schmelzen und gieße es anschließend zügig in die Silikonform.

4. Nimm die abgekühlten Wachsstücke aus der Form. Mit einem Messer kannst du sie noch etwas bearbeiten und überschüssiges Wachs abschneiden.

1

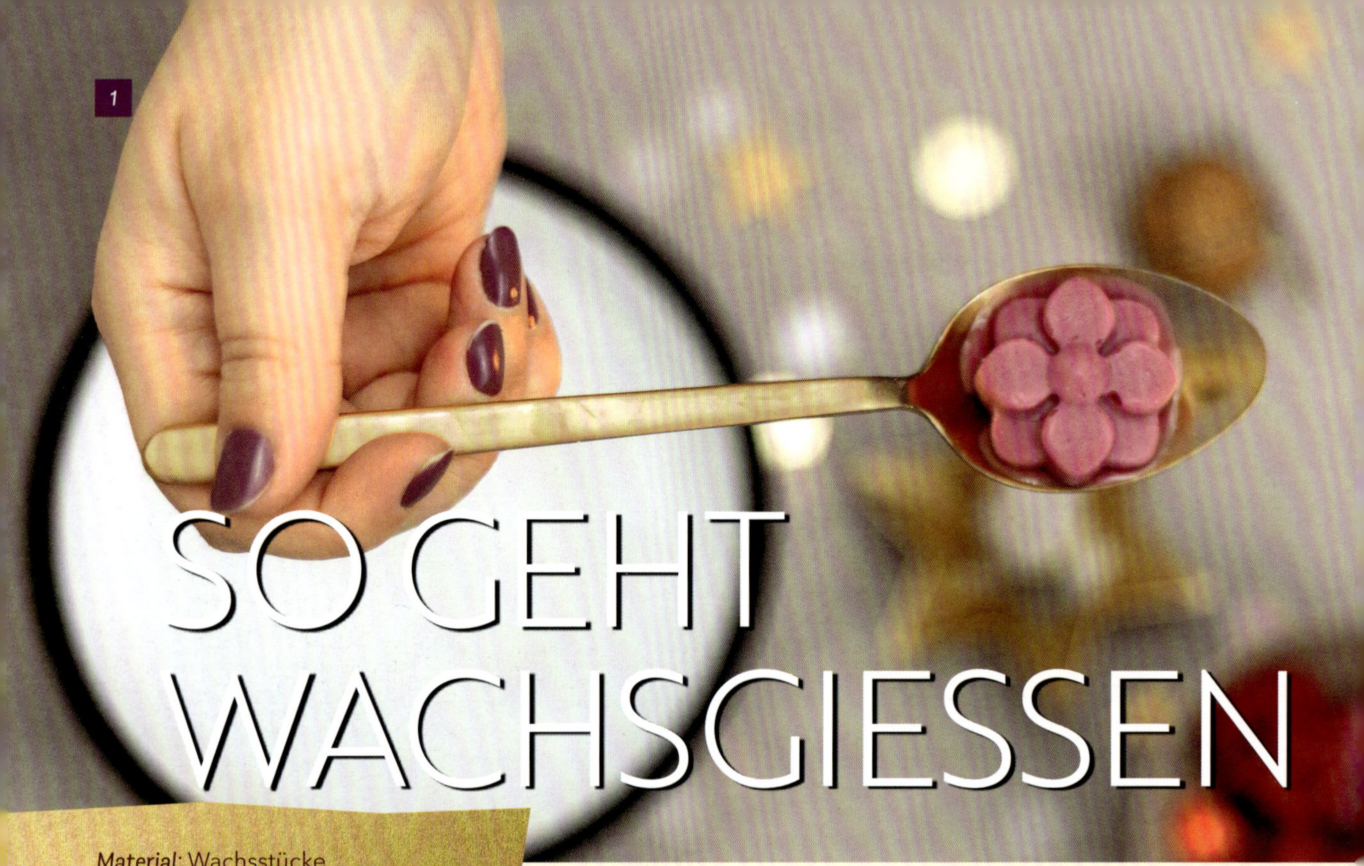

SO GEHT WACHSGIESSEN

Material: Wachsstücke

Werkzeug: Löffel · Schüssel mit Wasser · Kerze

1. Lege ein Wachsstück auf einen Löffel und halte ihn über eine Kerze, bis das Wachs geschmolzen ist.

2. Gieße das geschmolzene Wachs schnell in die Schüssel mit Wasser.

3. Das Wachsstück kannst du nun herausnehmen und dir seine Form genau anschauen. Es verrät dir, was das neue Jahr für dich bereithält.

   Was die Figuren, die beim Wachsgießen entstehen, bedeuten können, sieht du auf den Seite 88 und 89)

2

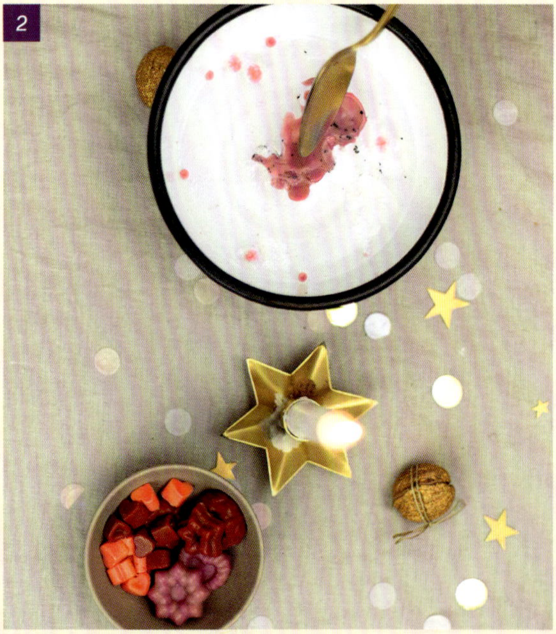

3

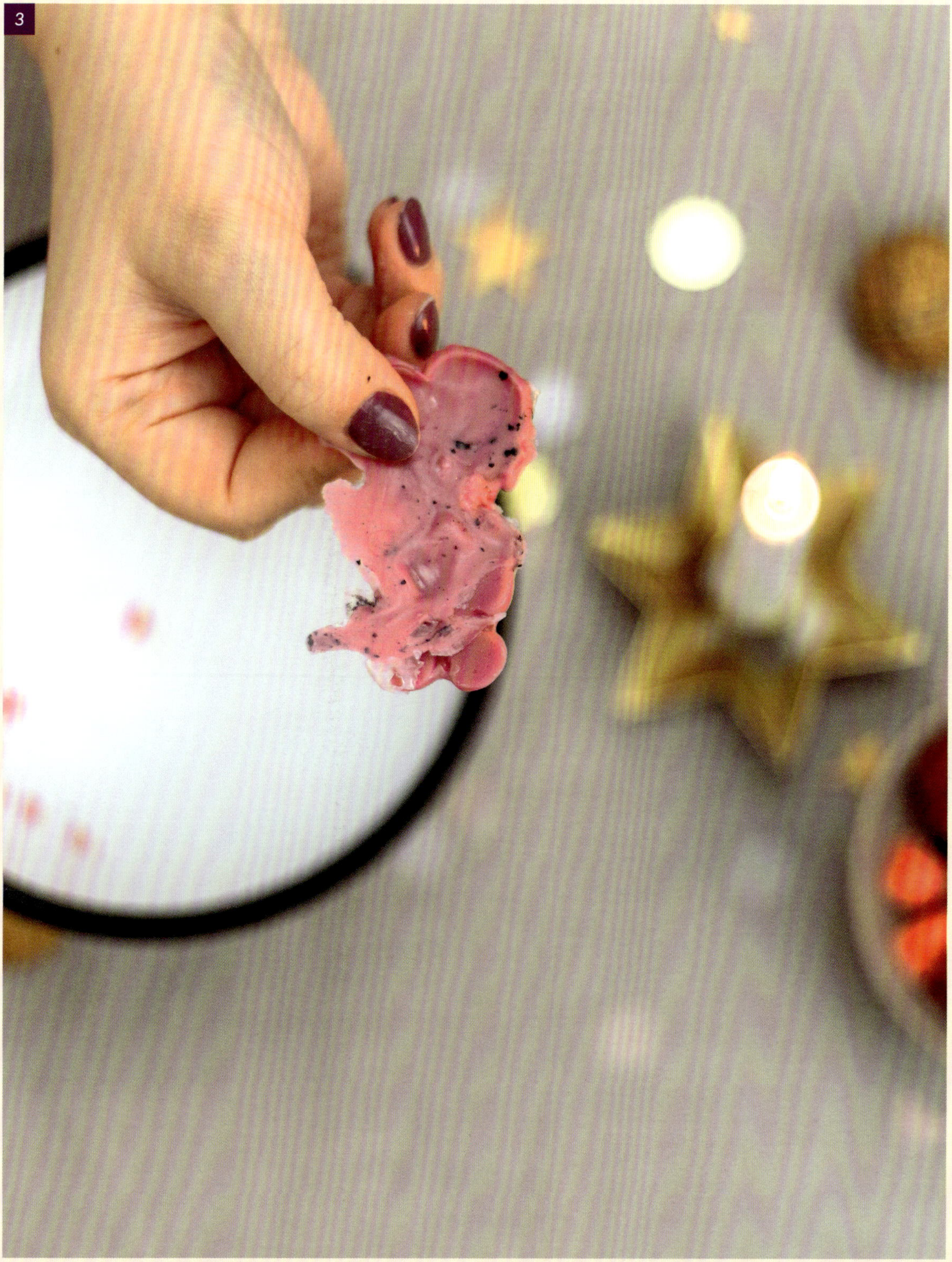

KONFETTI-KANONE

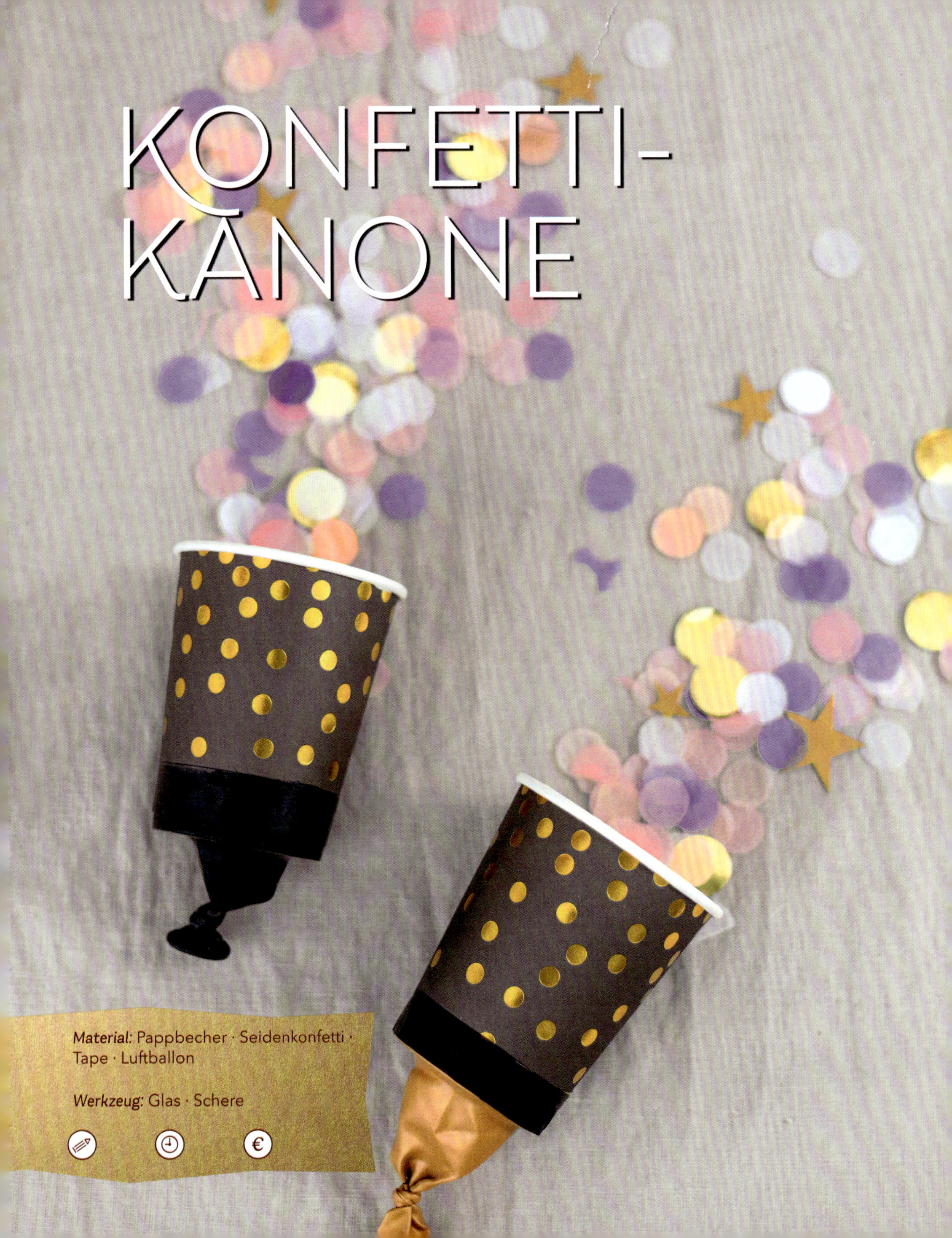

Material: Pappbecher · Seidenkonfetti · Tape · Luftballon

Werkzeug: Glas · Schere

Lass die Partystimmung mit einer DIY-Konfetti-Kanone steigen und die Welt in bunten Farben erstrahlen! Konfetti ist ein unverzichtbares Element für jede Feier und sorgt garantiert für gute Laune!

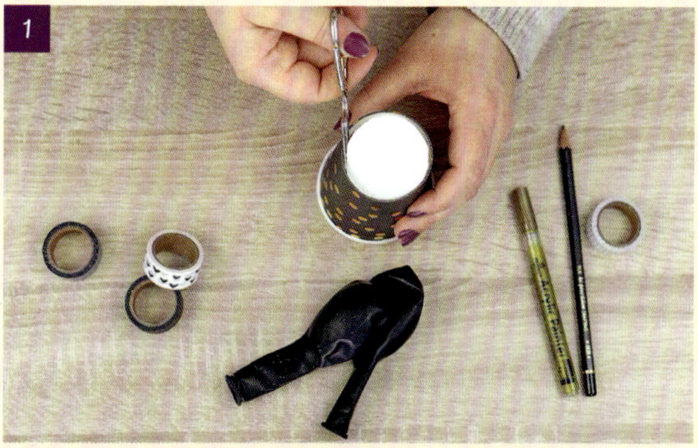

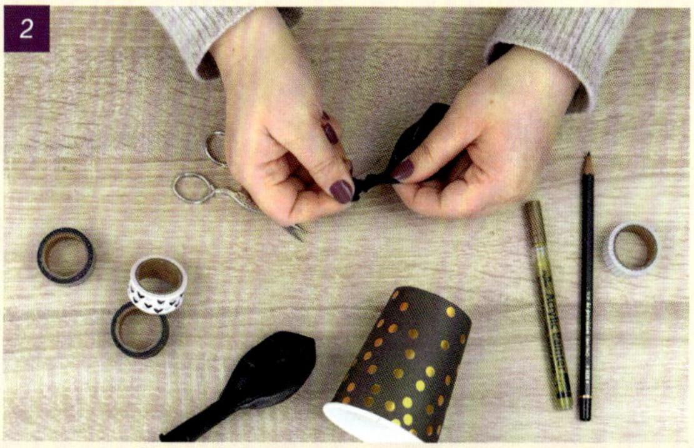

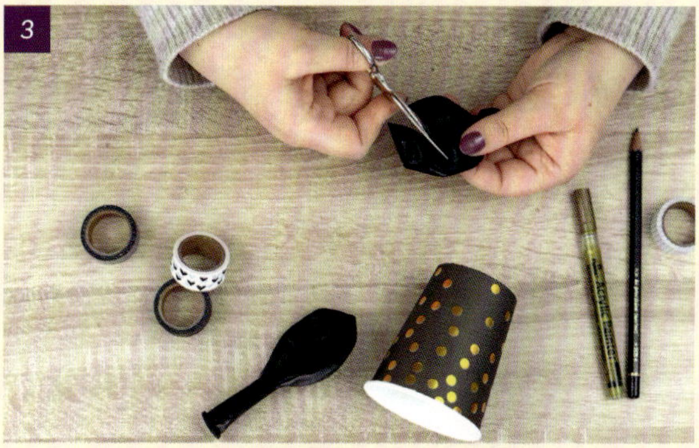

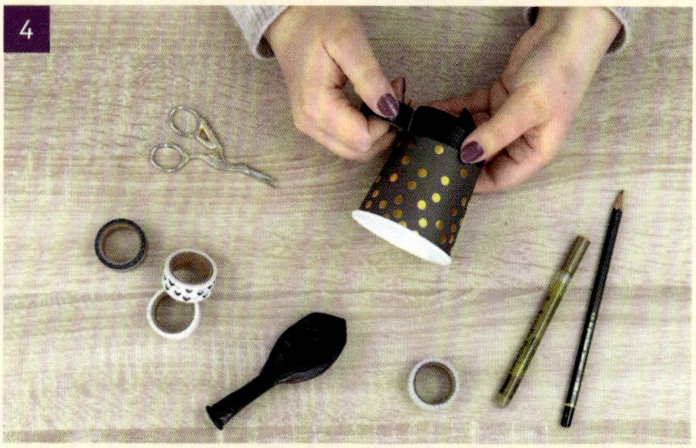

1. Scheide mit der Schere den Boden des Pappbechers heraus.

2. Nimm einen Luftballon und knote ihn fest zu.

3. Schneide das obere Drittel des Luftballons ab und stülpe ihn über den Pappbecherboden.

4. Klebe den Luftballon zum Schluss mit Tape am Becher fest.

Und so gehts: Konfetti in den Becher füllen und am Luftballon ziehen.

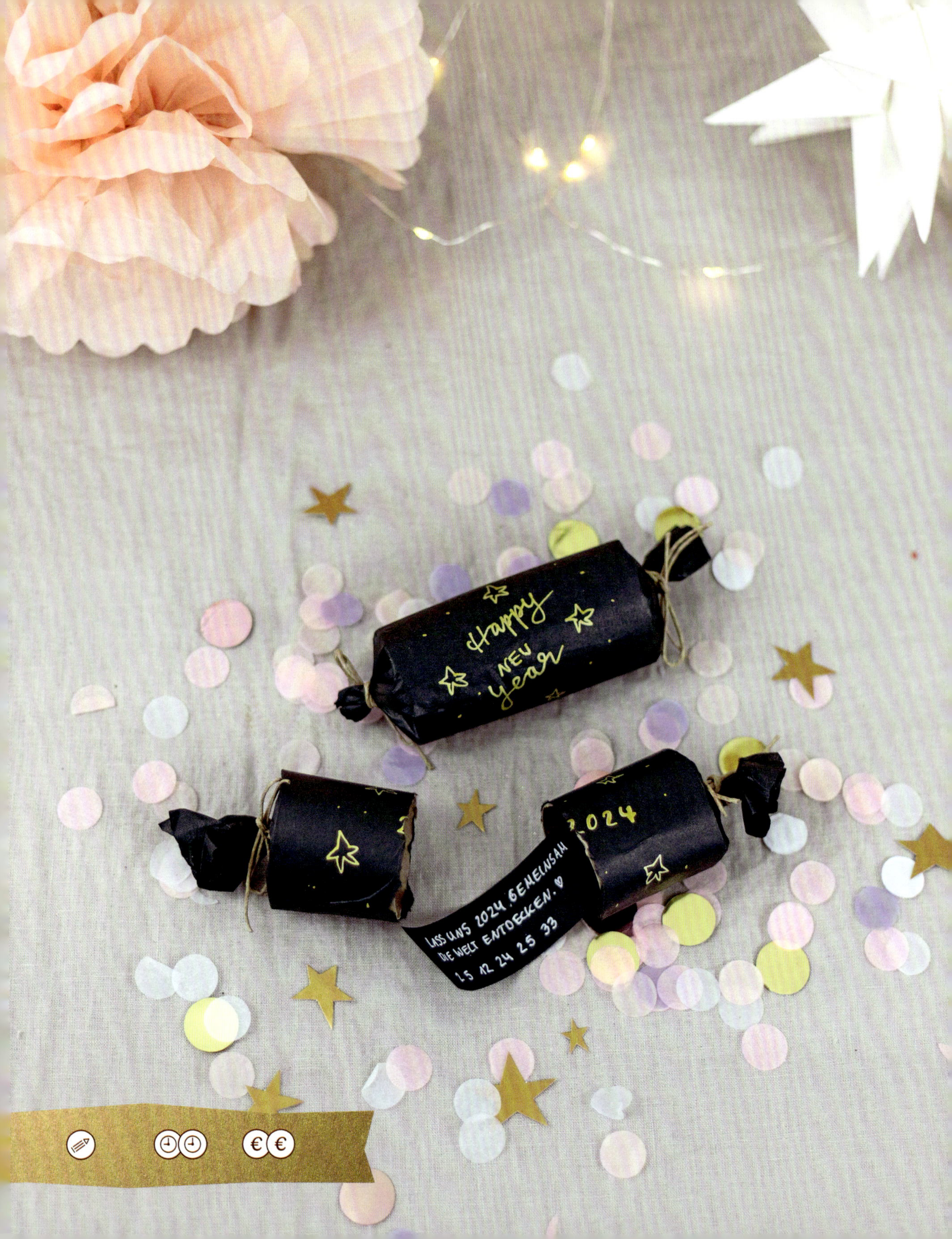
Happy NEW year
2024
LASS UNS 2024 GEMEINSAM
DIE WELT ENTDECKEN. ♡
15 12 24 25 33

KNALL-BONBONS

Lass uns mit einem ordentlichen Knall ins neue Jahr starten! Die hübschen Knall-bonbons bringen auf jeden Fall gute Laune und deine Gäste werden sich über diese nette Überraschung freuen.

Material:

- ✓ Toilettenpapierrolle
- ✓ Seidenpapier
- ✓ Knallstreifen
- ✓ Kordel oder Schleifenband
- ✓ Füllmaterial (z. B. Bonbons, Papierkrone, Sprüche o. Ä.)
- ✓ Marker (in Gold)

Werkzeug:

- ✓ Schere
- ✓ Tape
- ✓ Klebstoff

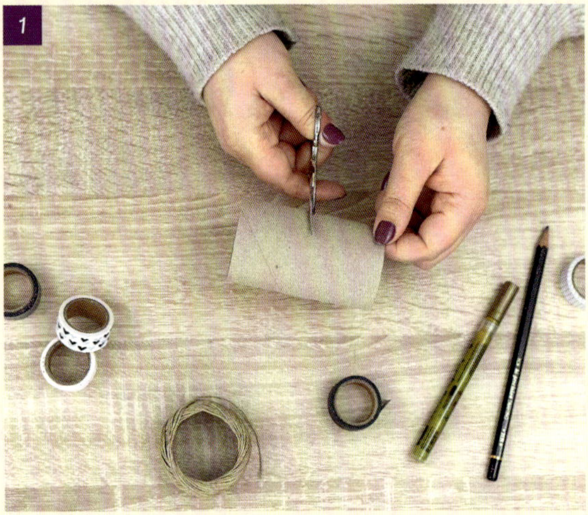

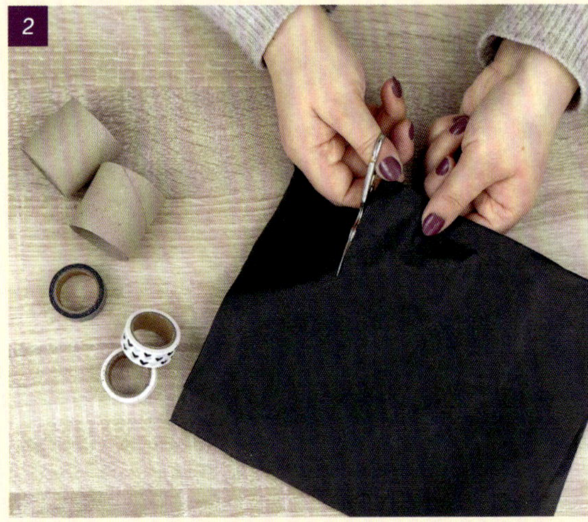

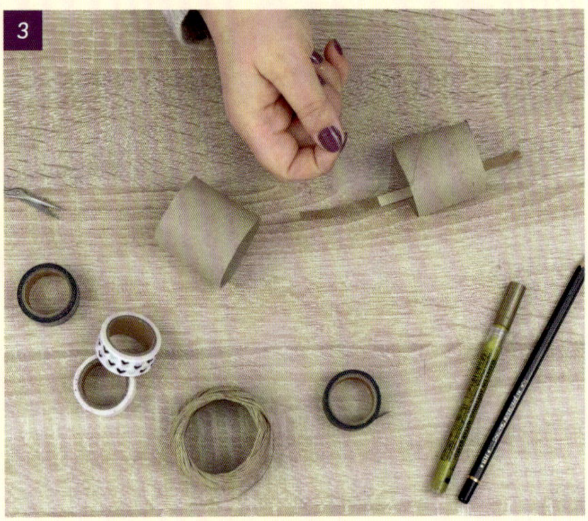

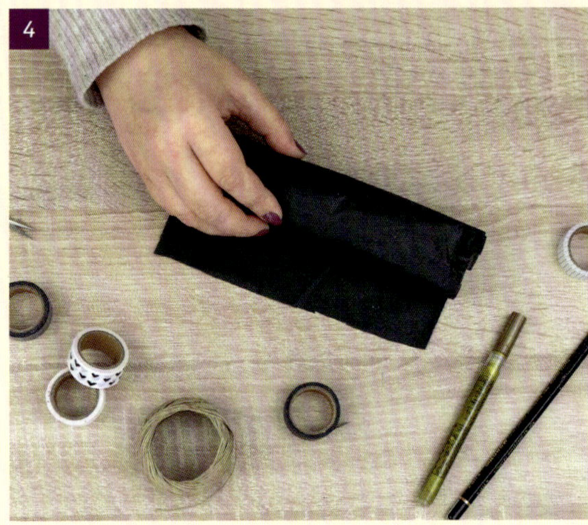

1. Schneide die Papprolle in der Mitte auseinander.

2. Schneide aus dem Seidenpapier 16 × 28 cm große Rechtecke aus.

3. Nimm einen Knallstreifen und klebe ihn in die beiden Teile der Papprolle, sodass er sie miteinander verbindet. Es darf kein Abstand zwischen den beiden Teilen bestehen.

4. Lege die Papprolle nun auf das Stück Seidenpapier. Umwickle die Rolle damit und klebe das Papierende mit Klebstoff fest.

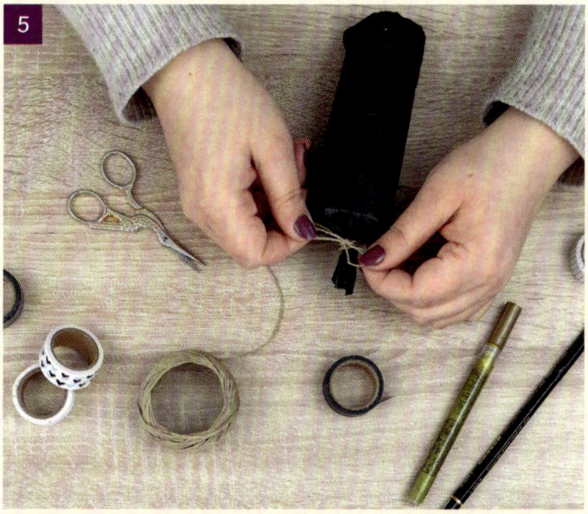

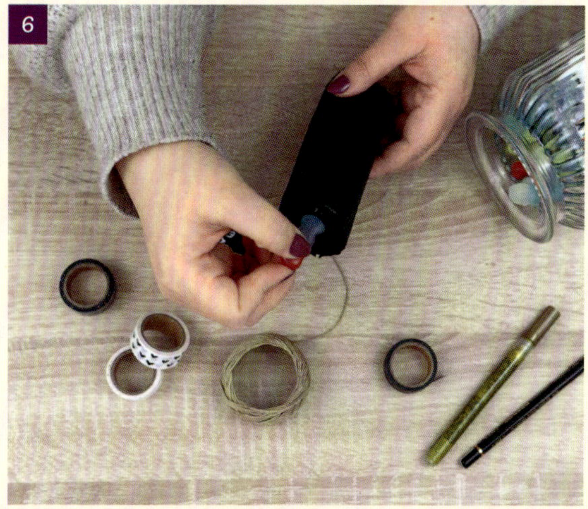

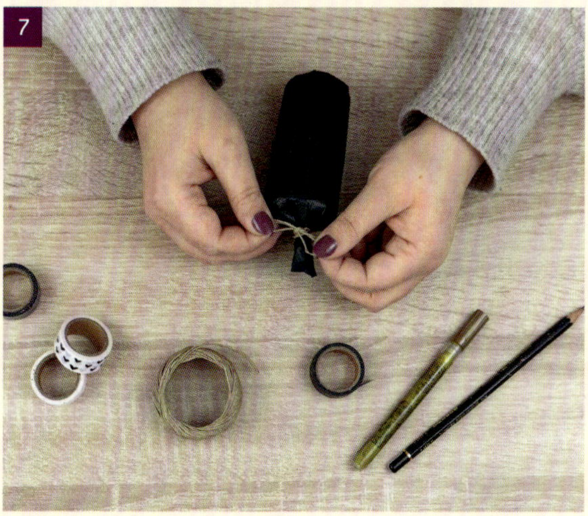

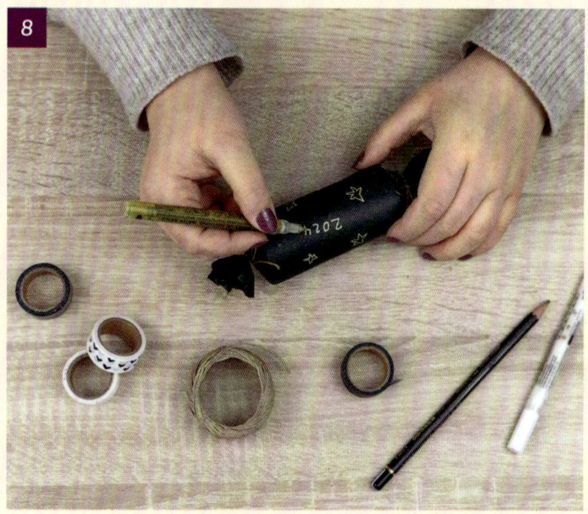

5. Binde das Seidenpapier an einer Seite des Knallbonbons mit einem Stück Kordel zu.

6. Nun kannst du das Knallbonbon nach Belieben mit Konfetti, einer kleinen Botschaft und Süßigkeiten befüllen.

7. Binde anschließend das Seidenpapier an der anderen Seite ebenfalls mit einem Stück Kordel zu.

8. Das Knallbonbon kannst du von außen noch mit einem goldenen Marker bemalen.

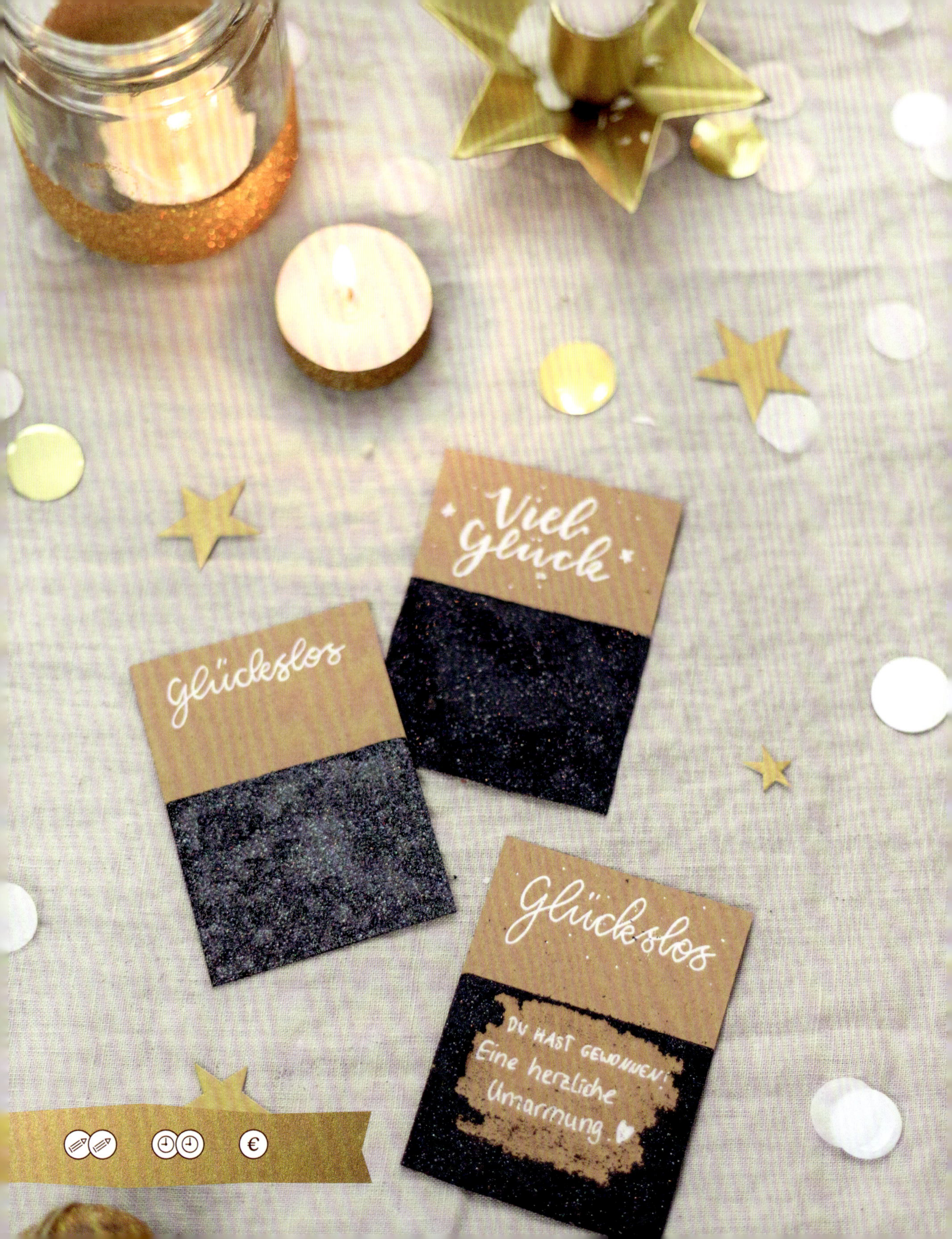
Viel Glück
Glückslos
Glückslos
DU HAST GEWONNEN!
Eine herzliche Umarmung.

RUBBELLOSE

Verschenke liebe Worte an deine Gäste, mit selbst gemachten Rubbellosen. Du kannst daraus auch ein Spiel machen, indem du Aufgaben auf jedes Los schreibst, die deine Gäste noch vor dem Jahreswechsel erledigen müssen. Ein Hauch von Kreativität und Spannung – eine tolle Unterhaltungsmöglichkeit für deine Party!

Material:

- ✓ Tonkarton
- ✓ durchsichtiges Paketband
- ✓ Spülmittel
- ✓ Acrylfarbe
- ✓ Glitzer
- ✓ Bleistift
- ✓ Marker

Werkzeug:

- ✓ Schere
- ✓ Pinsel
- ✓ Lineal
- ✓ Schüssel

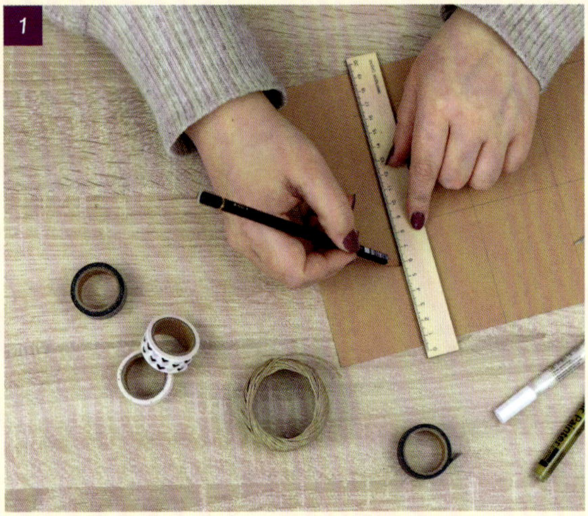

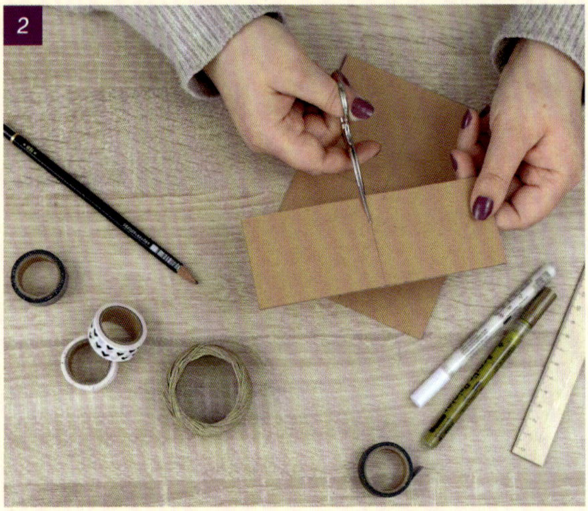

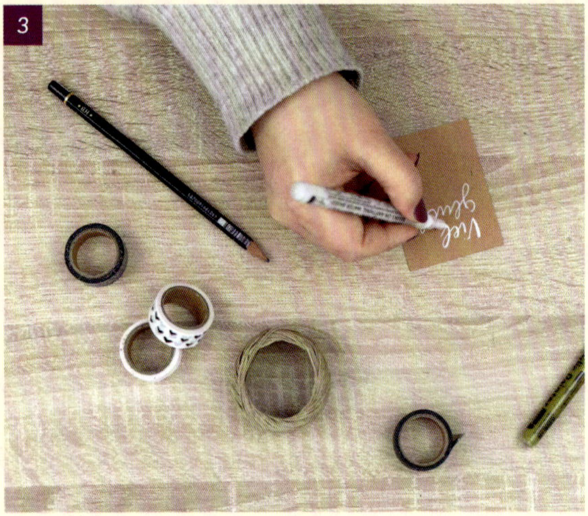

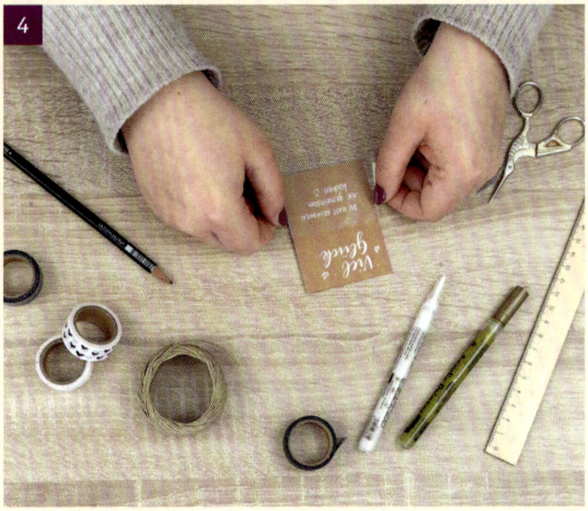

1. Zeichne auf den Tonkarton mit Lineal und Bleistift mehrere 6 × 8 cm große Rechtecke auf.

2. Schneide die Rechtecke anschließend aus.

3. Den oberen Teil des Rechtecks kannst du beschriften, z. B. mit »Glückslos«, »Rubbellos« oder »Viel Glück«.

4. Auf den unteren Teil schreibst du mittig den »Gewinn«. Das kann ein Spruch sein, ein Gutschein oder eine Aufgabe für den Abend. Klebe nun ein Stück Klebeband über das Gewinnfeld.

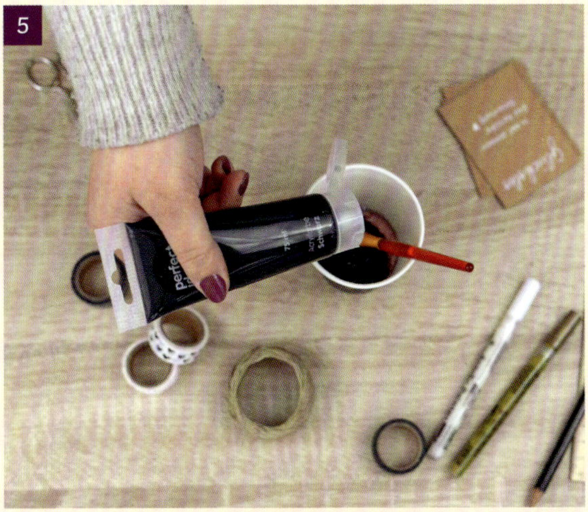

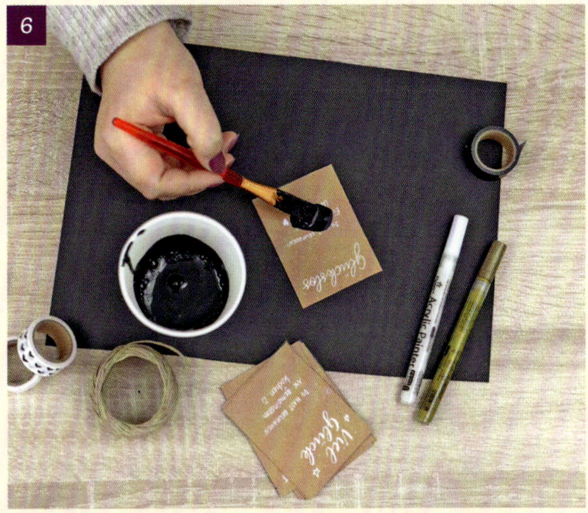

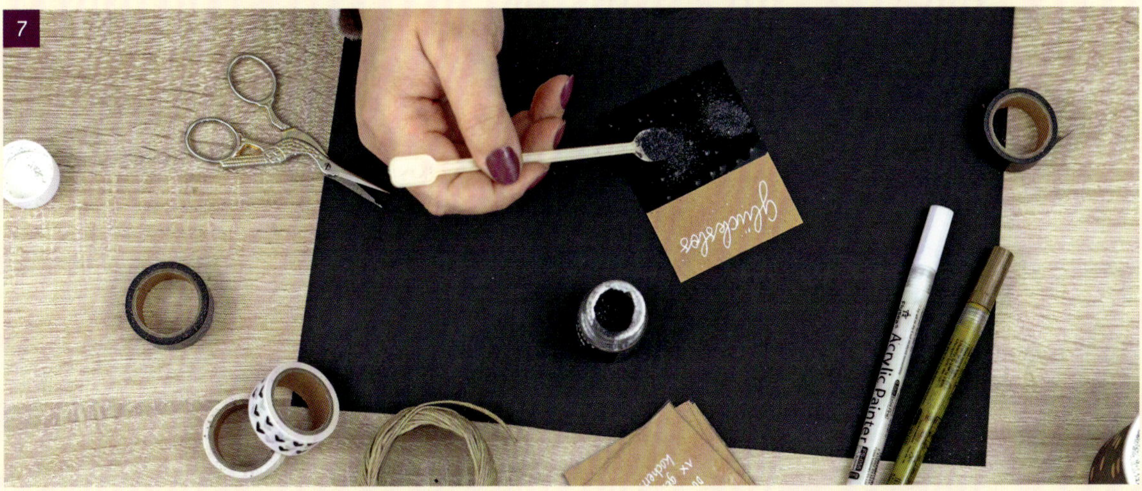

5. Mische in einer Schüssel etwa 2/3 Farbe mit 1/3 Spülmittel.

6. Streiche das Klebeband komplett mit der Farb-Spülmittel-Mischung ein.

7. Streue etwas Glitzer über die nasse Farbe und lass anschließend alles gut trocknen.

Die Rubbellose lassen sich einfach mit dem Fingernagel oder einer Münze freirubbeln.

FOTO-PROPS

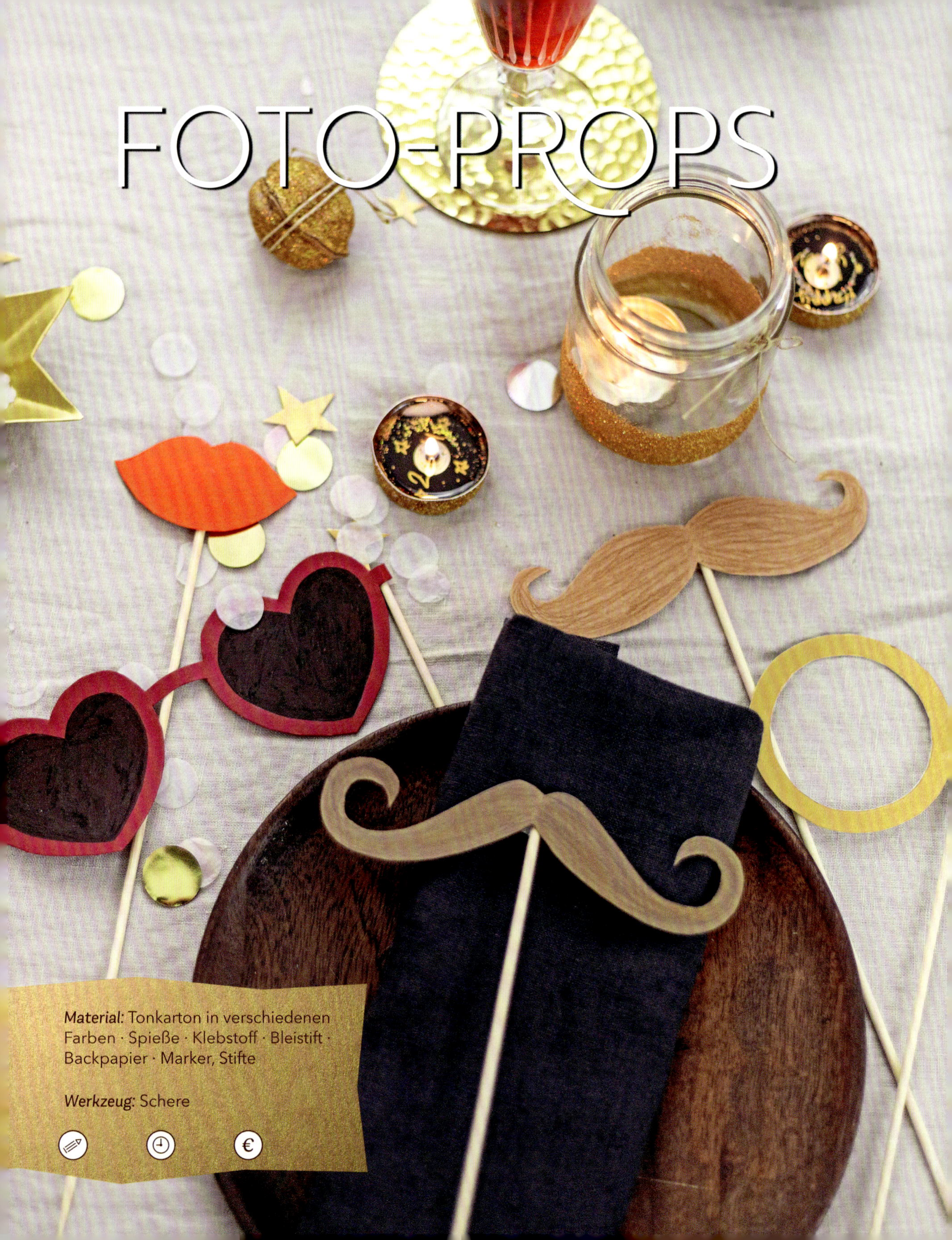

Material: Tonkarton in verschiedenen Farben · Spieße · Klebstoff · Bleistift · Backpapier · Marker, Stifte

Werkzeug: Schere

Lass uns die besonderen Momente der Party auf Fotos festhalten und sie mit lustigen Foto-Props noch aufregender gestalten! Überlege dir einen eigenen »Hashtag« für deine Silvesterparty, den du gemeinsam mit den Foto-Props an deine Gäste verteilst, damit sie ihre Fotos in den sozialen Medien teilen können.

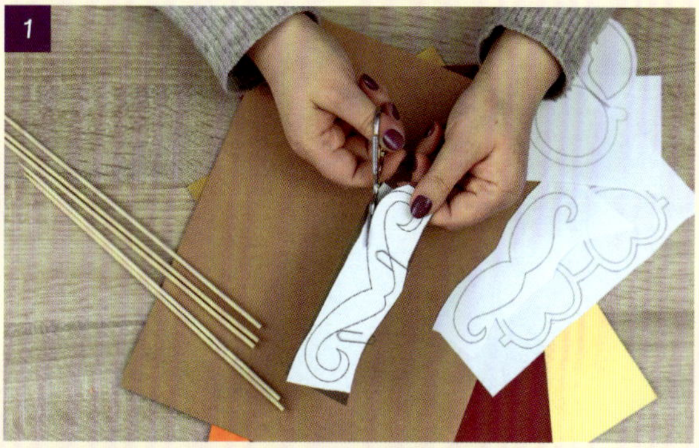

1

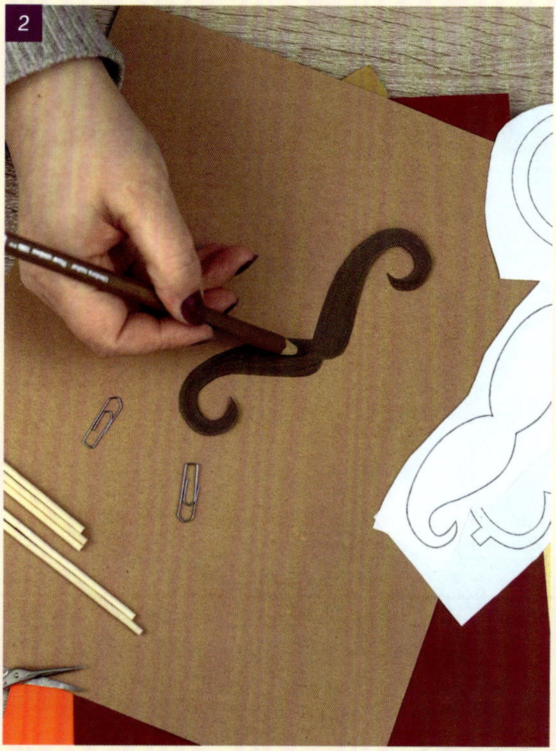

2

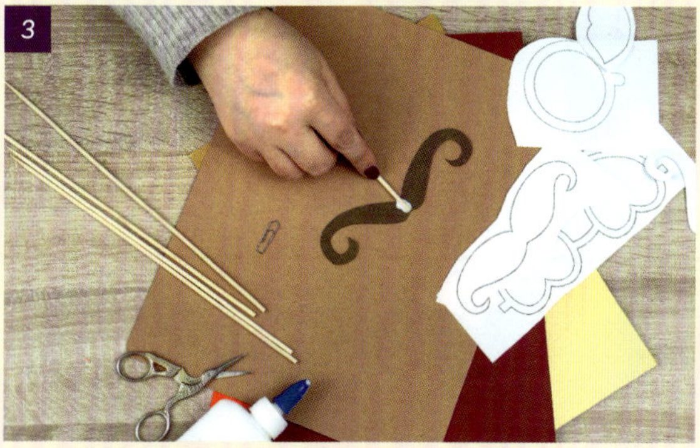

3

1. Schneide die Foto-Props aus dem Tonkarton aus. Du kannst die Vorlagen (Seite 84 und 85) mit Pauspapier übertragen.

2. Mit den Markern und Stiften kannst du noch ein paar Details auf die Foto-Props einzeichnen.

3. Nimm zum Schluss Holzspieße und klebe sie mit Klebstoff an den Foto-Props fest.

WUNSCHTÜTEN

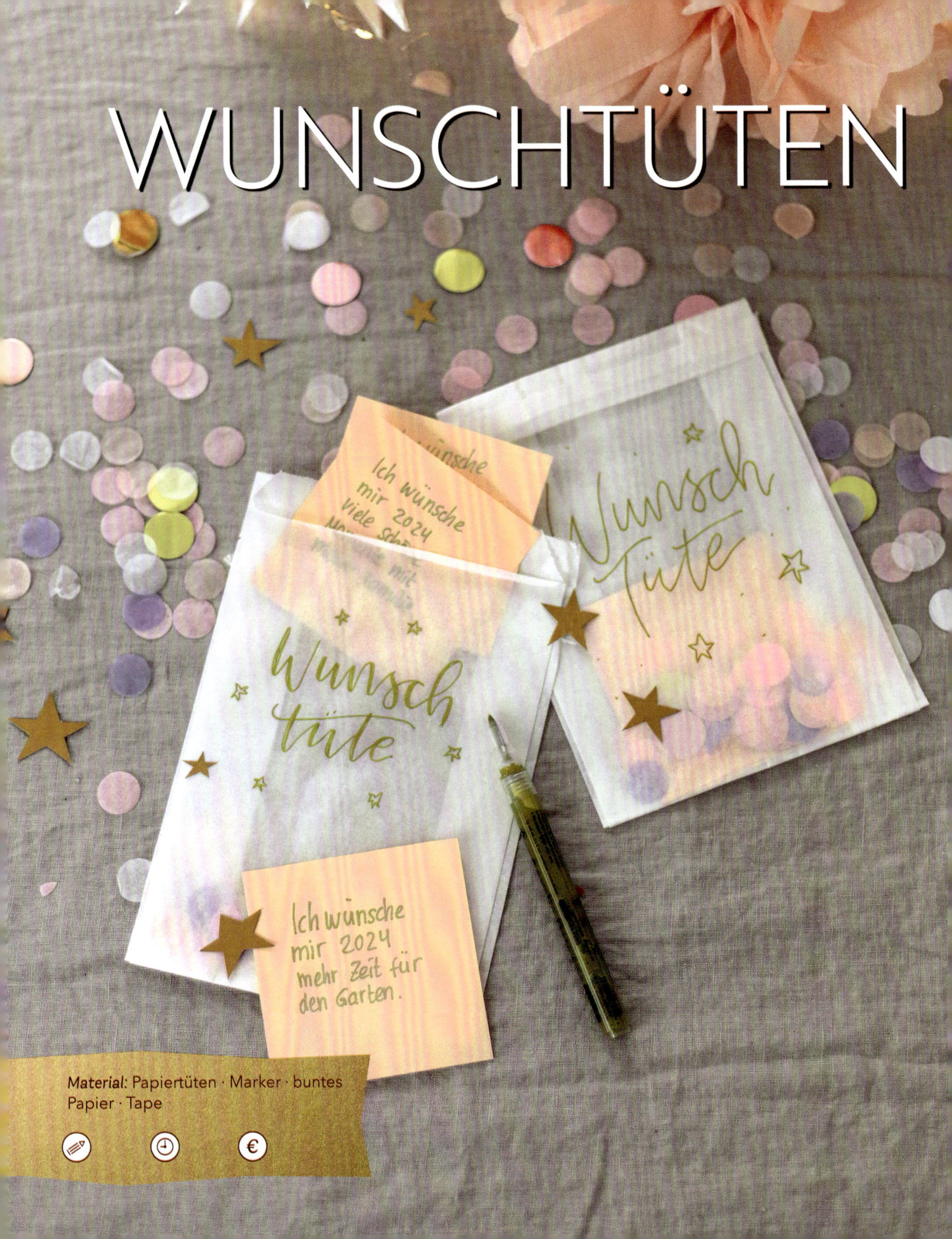

Material: Papiertüten · Marker · buntes Papier · Tape

Lass uns am Ende des Jahres ein Wunschritual durchführen! Alle Gäste dürfen auf Kärtchen Wünsche aufschreiben und sie in eine Wunschtüte tun. Die Tüte wird bis zu Silvester in einem Jahr aufbewahrt; dann öffnen alle gemeinsam ihre Tüte und schauen, welche ihrer Wünsche in Erfüllung gegangen sind.

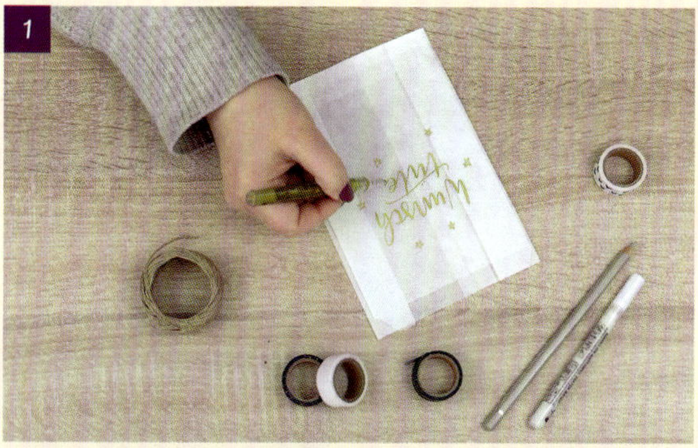

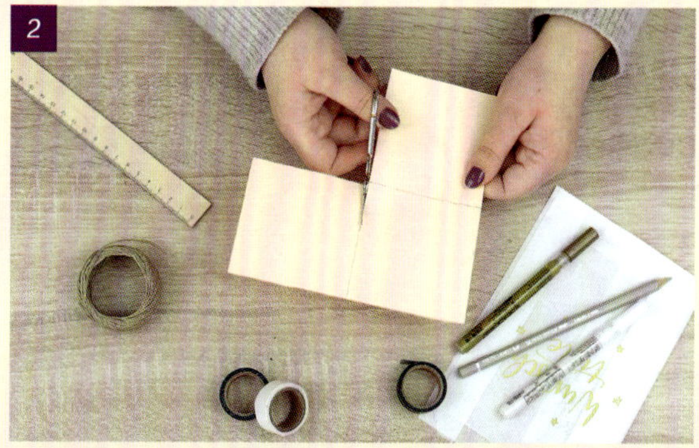

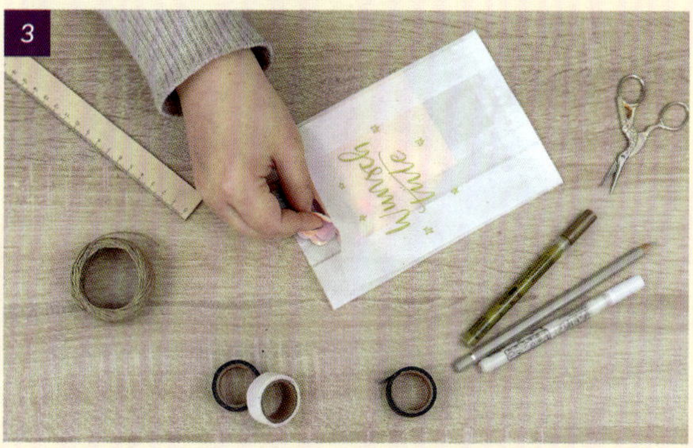

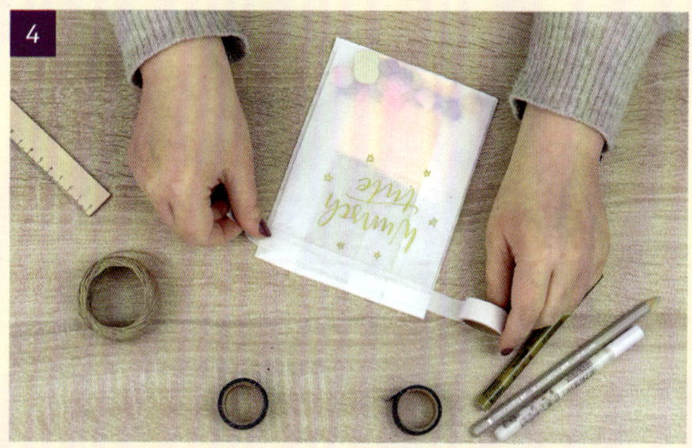

1. Nimm die Papiertüten und beschrifte sie mit dem Wort »Wunschtüte«. Anschließend kannst du sie mit den Markern noch beliebig mit Mustern verzieren.

2. Schneide pro Tüte drei etwa 8 × 8 cm große Quadrate aus buntem Papier aus.

3. Hat jeder Gast seine Wünsche auf je drei Kärtchen geschrieben, werden diese zusammen mit etwas Konfetti in jeweils eine Tüte gelegt.

4. Anschließend klebe jede Tüte mit Tape zu.

GAST-GESCHENKE

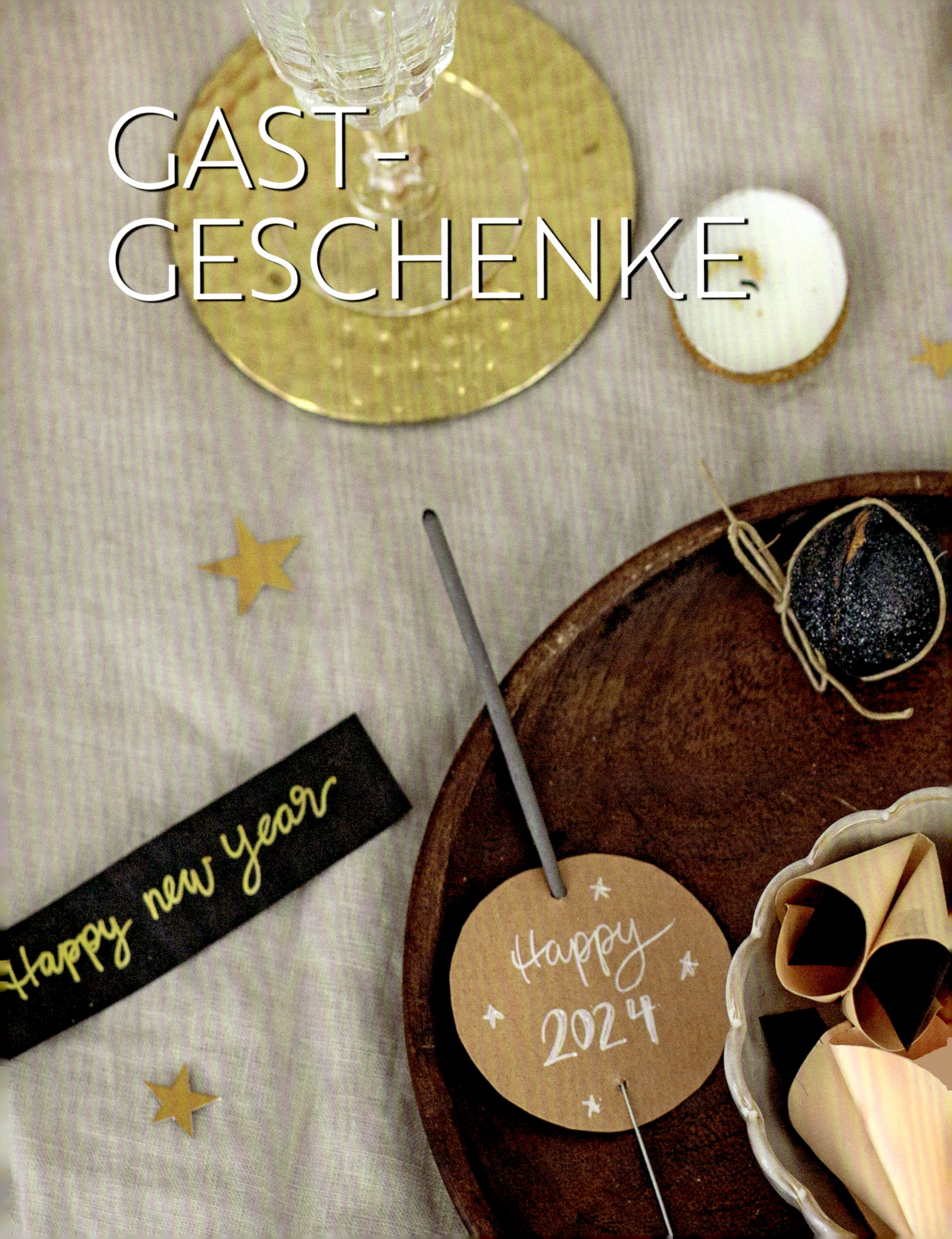

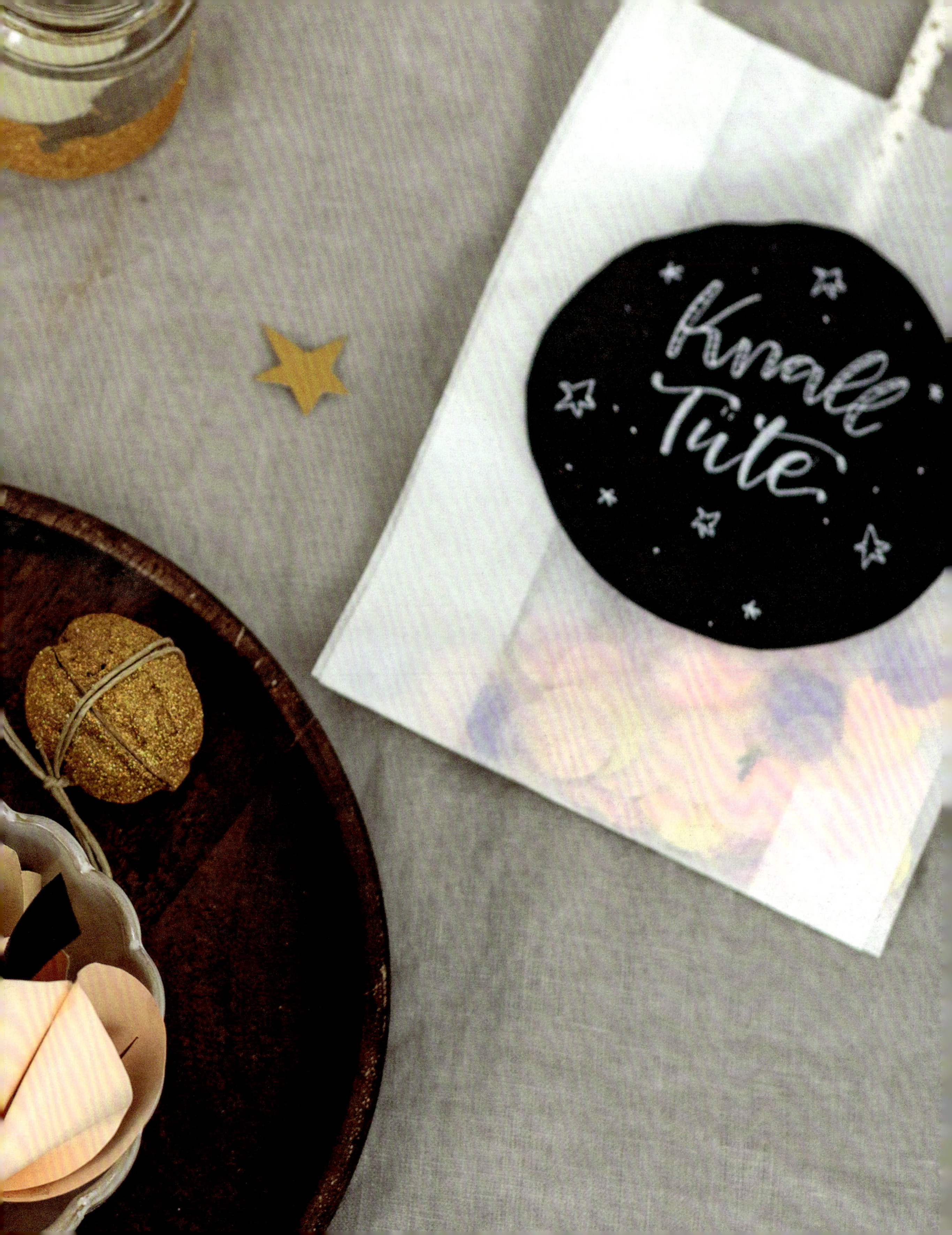
Knall Tüte

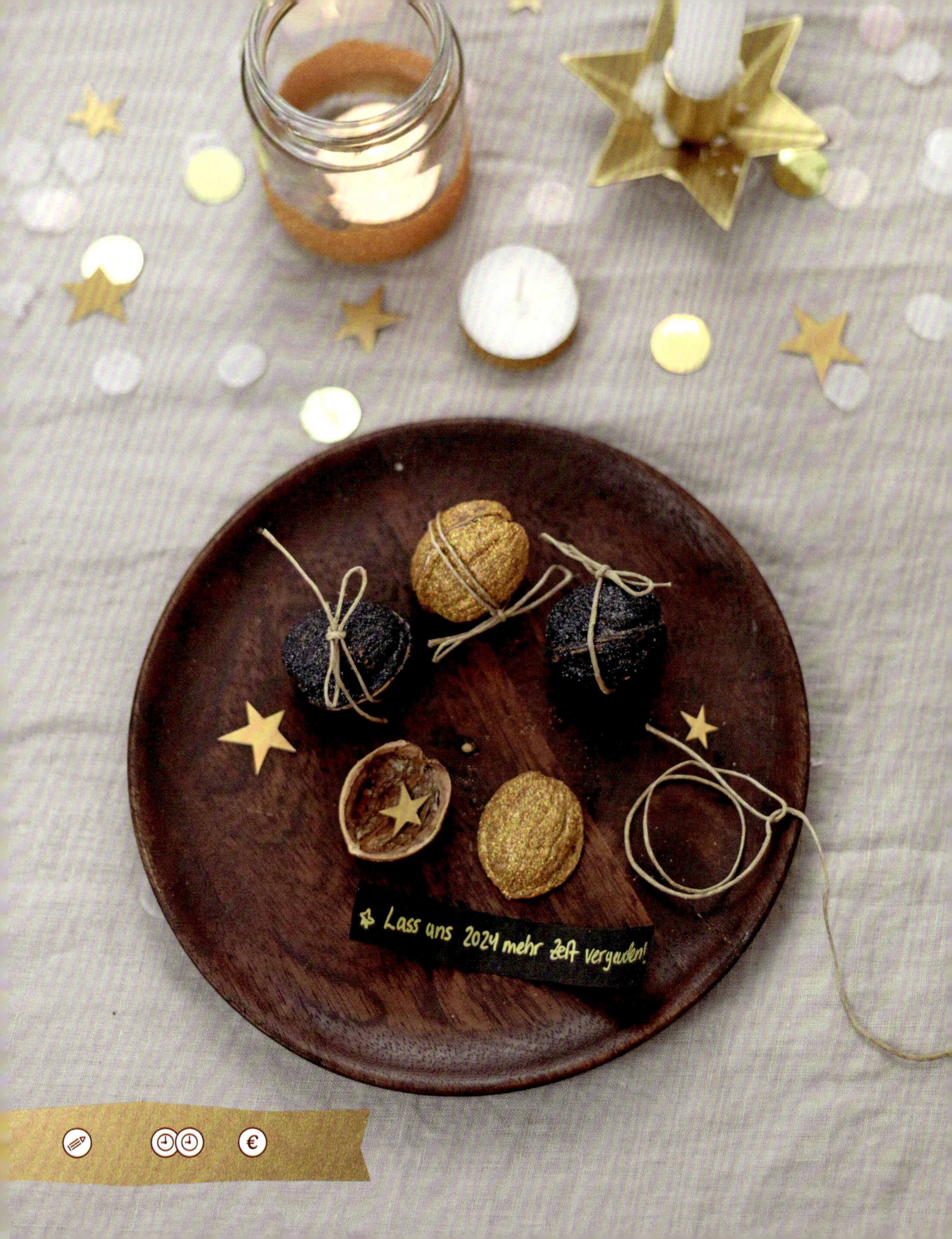
Lass uns 2024 mehr Zeit vergolden!
€

GLÜCKSNÜSSE

Verschenke an deine Gäste ein wenig Glück und Freude, mit glitzernden Glücksnüssen. Mit dieser charmanten Idee kannst du auf deiner Party für gute Laune sorgen. Packe zu erfüllende Aufgaben oder lustige Sprüche in die Nüsse und bringe deine Gäste zum Lachen.

Material:

- ✓ Walnüsse
- ✓ Flüssigklebstoff
- ✓ Glitzer
- ✓ Haarlack
- ✓ Papier
- ✓ Stift
- ✓ Kordel

Werkzeug:

- ✓ Nussknacker
- ✓ Pinsel
- ✓ Schere

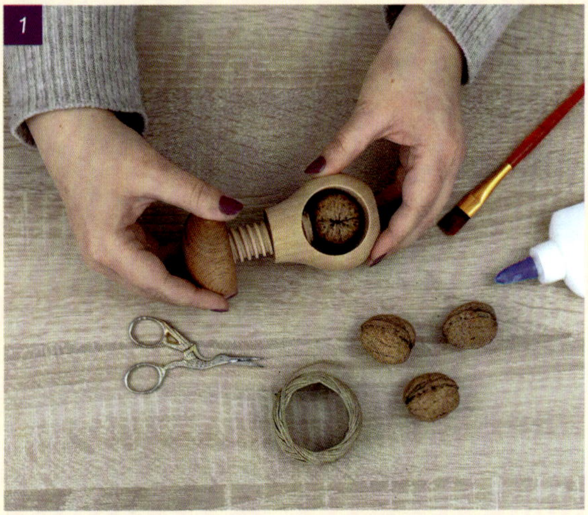

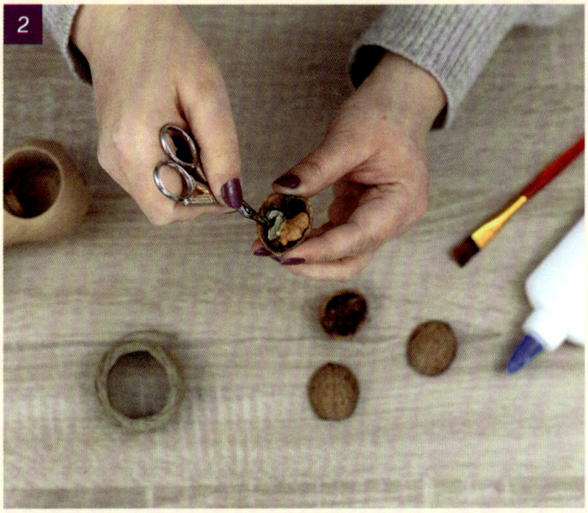

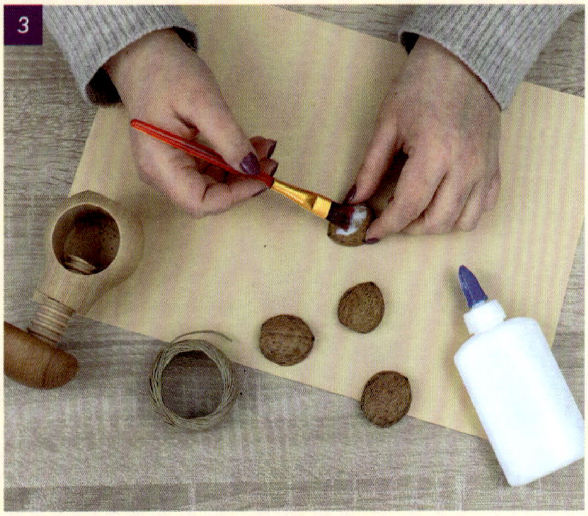

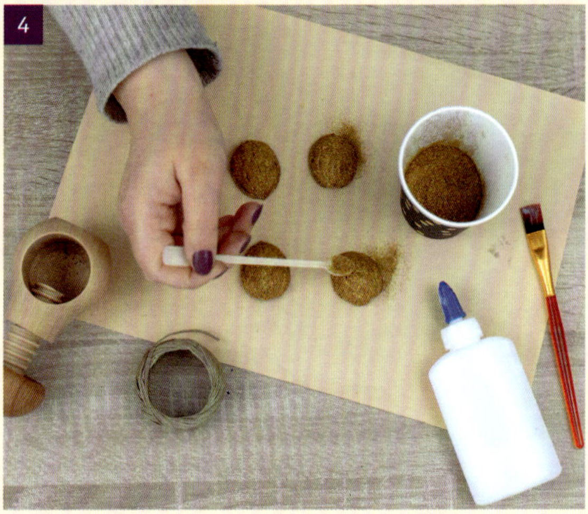

1. Knacke vorsichtig mehrere Walnüsse auf, die Schalenhälften dürfen dabei nicht kaputtgehen.

2. Entferne sorgfältig das Innere der Nuss.

3. Nimm einen Pinsel und streiche die Außenseite der Nussschalen mit Flüssigklebstoff ein.

4. Streue Glitzer über den Klebstoff, sodass dieser komplett bedeckt ist.

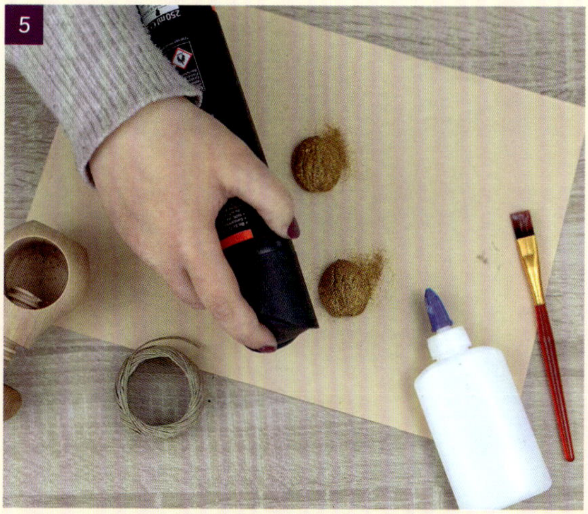

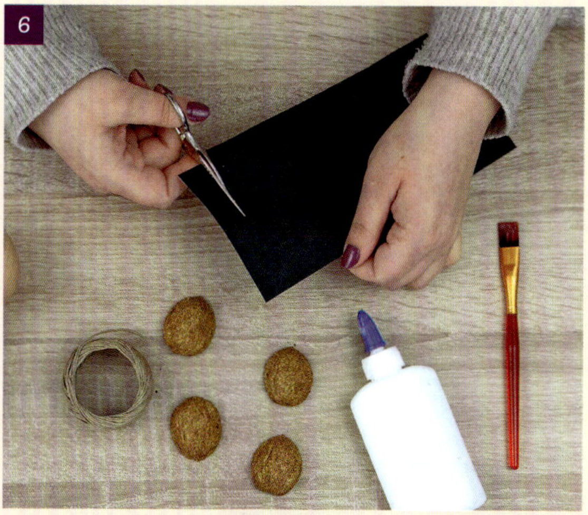

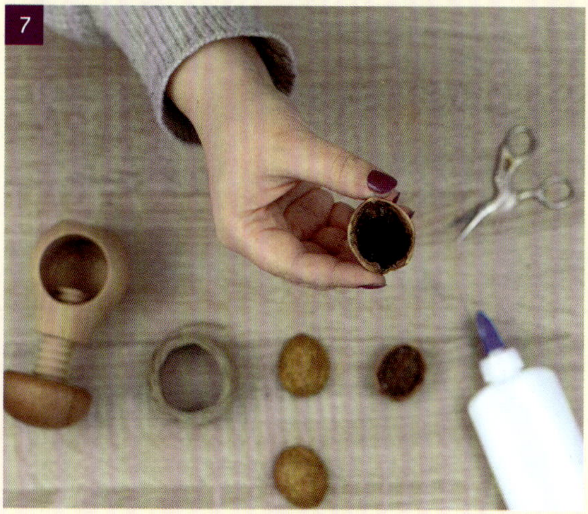

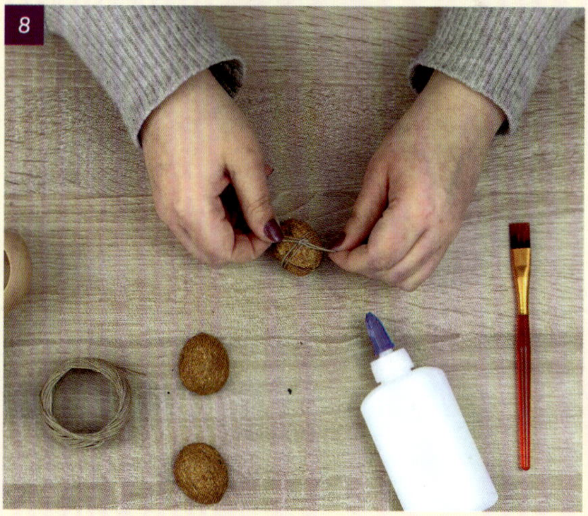

5. Lass alles gut trocknen und sprühe die Nussschalen anschließend großzügig mit Haarlack ein, um den Glitzer zu fixieren. Lass die Nussschalen danach noch mal gut trocknen.

6. Schneide in der Zwischenzeit etwa 1,5–2 cm dünne Papierstreifen aus. Hierauf kannst du nun einen Spruch, einen Wunsch oder eine Aufgabe schreiben.

7. Rolle den Zettel zusammen und lege ihn in die Nuss hinein. Du kannst auch noch etwas Glitzer oder Konfetti dazugeben.

8. Zum Schluss binde beide Nussschalen mit einem Stück Kordel zusammen.

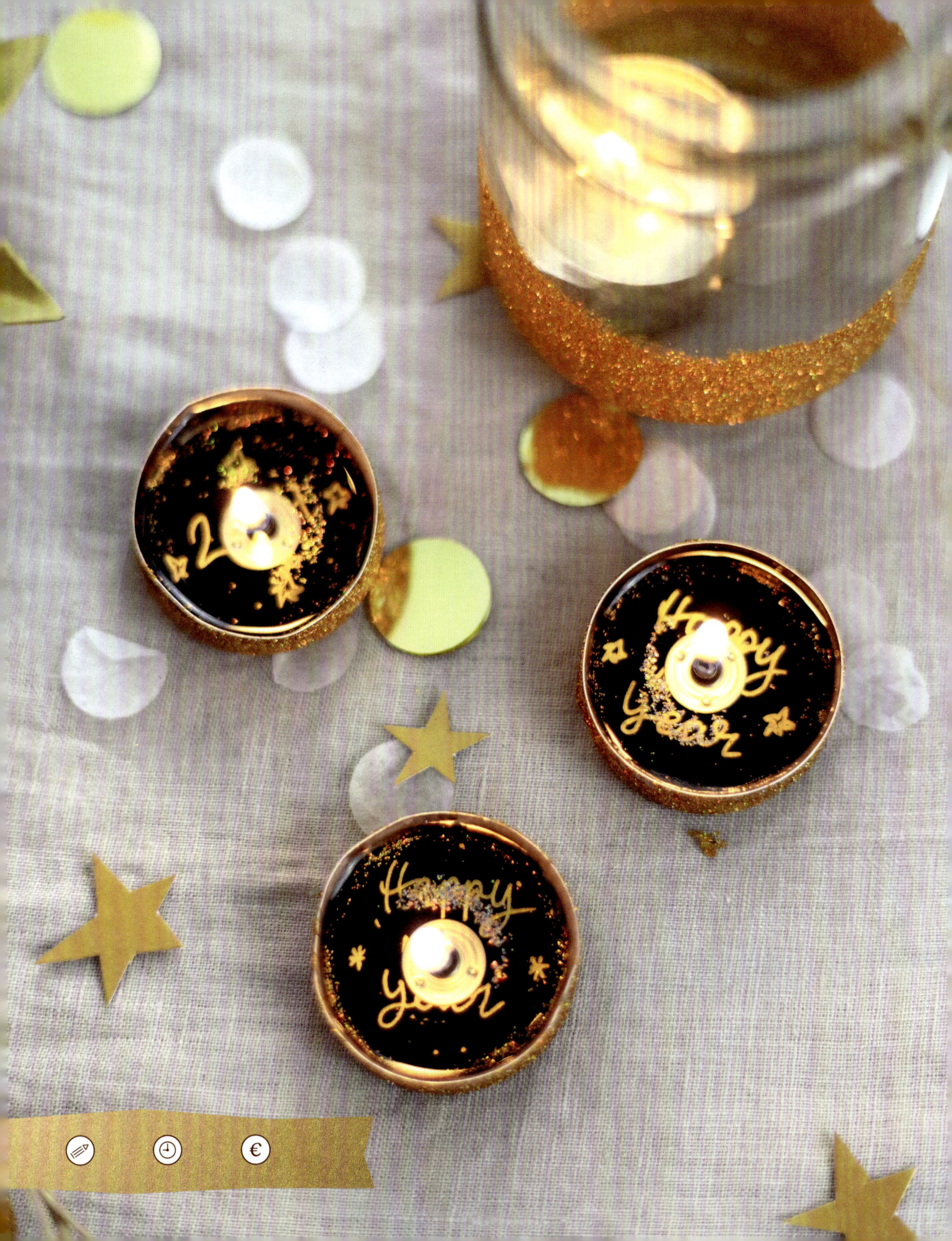

ÜBER-RASCHUNGS-TEELICHTER

Die glitzernden Teelichter sind ein echter Hingucker für deine Tischdeko – sie verbergen eine versteckte Botschaft, die erst im Laufe des Abends zum Vorschein kommen wird!

Material:

- ✓ Teelichter
- ✓ Klebstoff
- ✓ Bleistift
- ✓ Marker
- ✓ Glitzer
- ✓ Tonpapier
- ✓ Haarlack

Werkzeug:

- ✓ Pinsel
- ✓ Schere

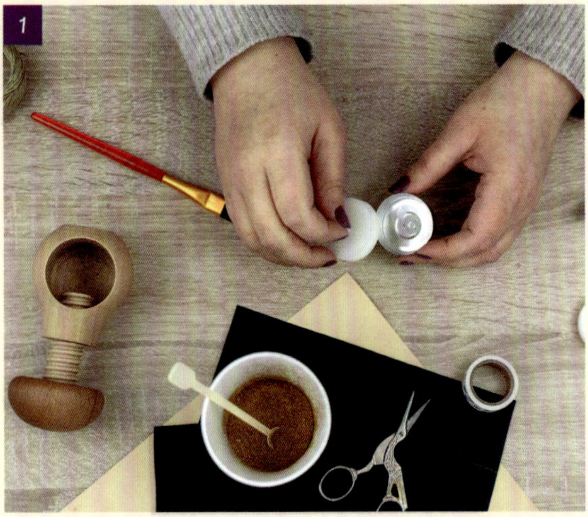

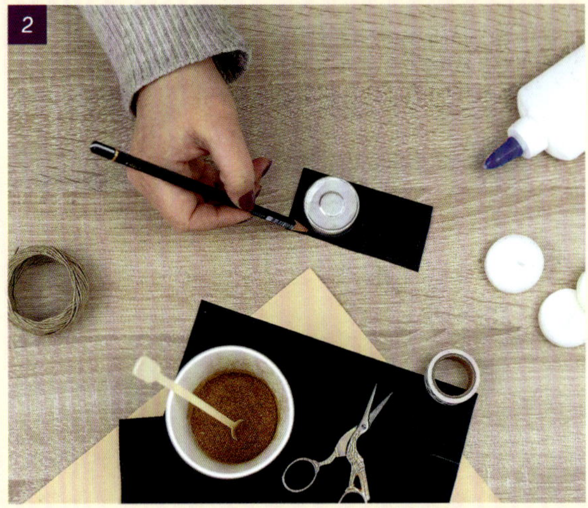

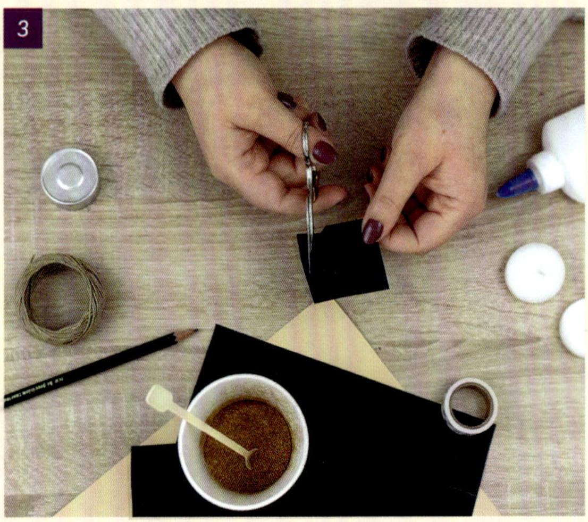

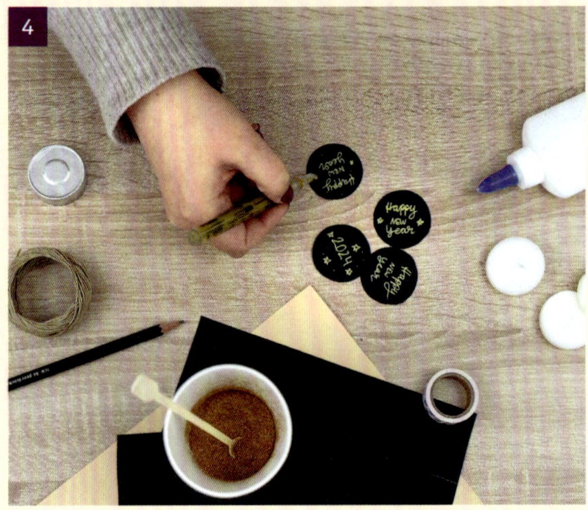

1. Nimm vorsichtig das Wachsstück aus dem Teelichtbehälter heraus.

2. Zeichne mithilfe des Teelichtbehälters anschließend mehrere Kreise auf das Tonpapier auf.

3. Schneide die Kreise aus und orientiere dich dabei an der Innenseite deiner Linie, sodass die Kreise minimal kleiner werden als der Teelichtbehälter.

4. Auf die Kreise kannst du nun mit einem Marker einen Spruch oder Wunsch schreiben, z. B. »Happy New Year«.

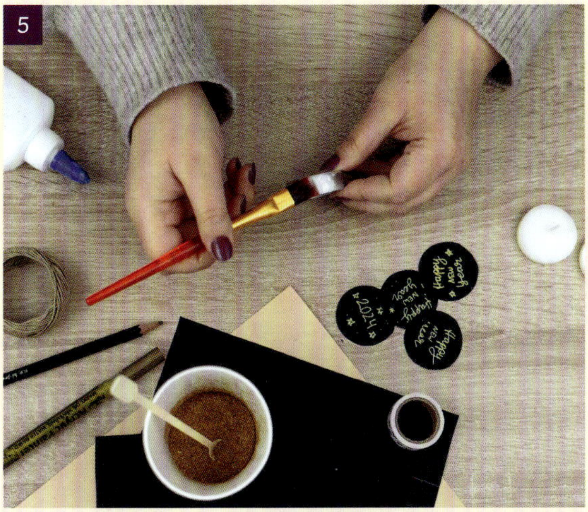

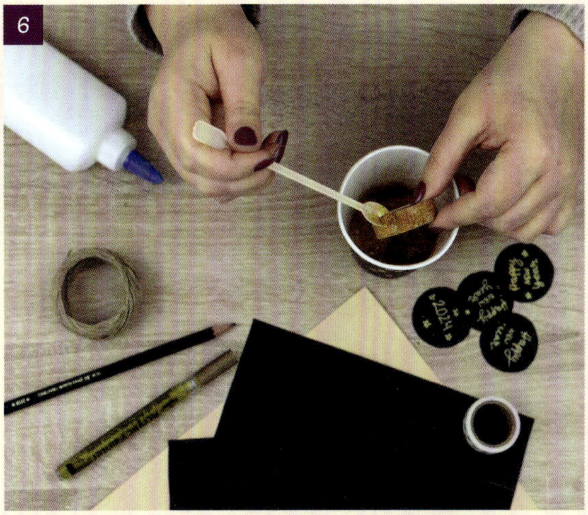

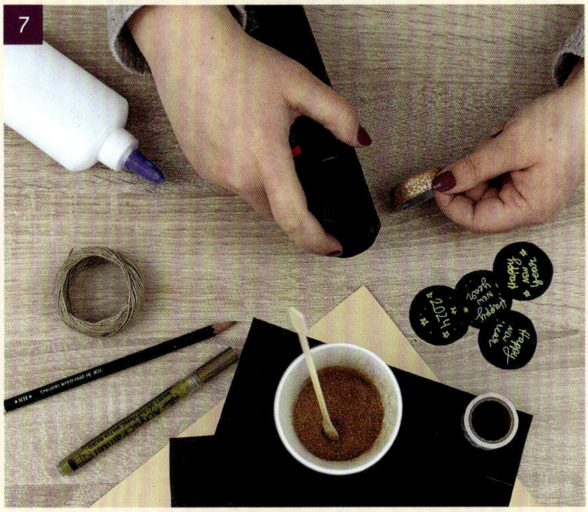

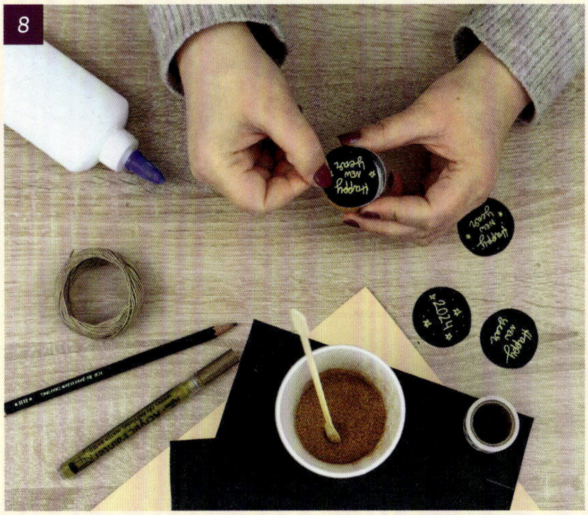

5. Nimm den Pinsel und bestreiche die Teelichtbehälter großzügig mit dem Klebstoff.

6. Schütte den Glitzer über den Klebstoff, bis alles bedeckt ist, und lass den Teelichtbehälter anschließend gut trocknen. Eventuell musst du die Schritte 5 und 6 noch einmal wiederholen.

7. Sprühe die Teelichtbehälter nun mit Haarlack ein, um den Glitzer zu fixieren, und lass sie wieder gut trocknen.

8. Lege das Papier in den Teelichtbehälter und anschließend das Wachsstück darauf. Wenn das Wachs geschmolzen ist, kommt deine Botschaft zum Vorschein.

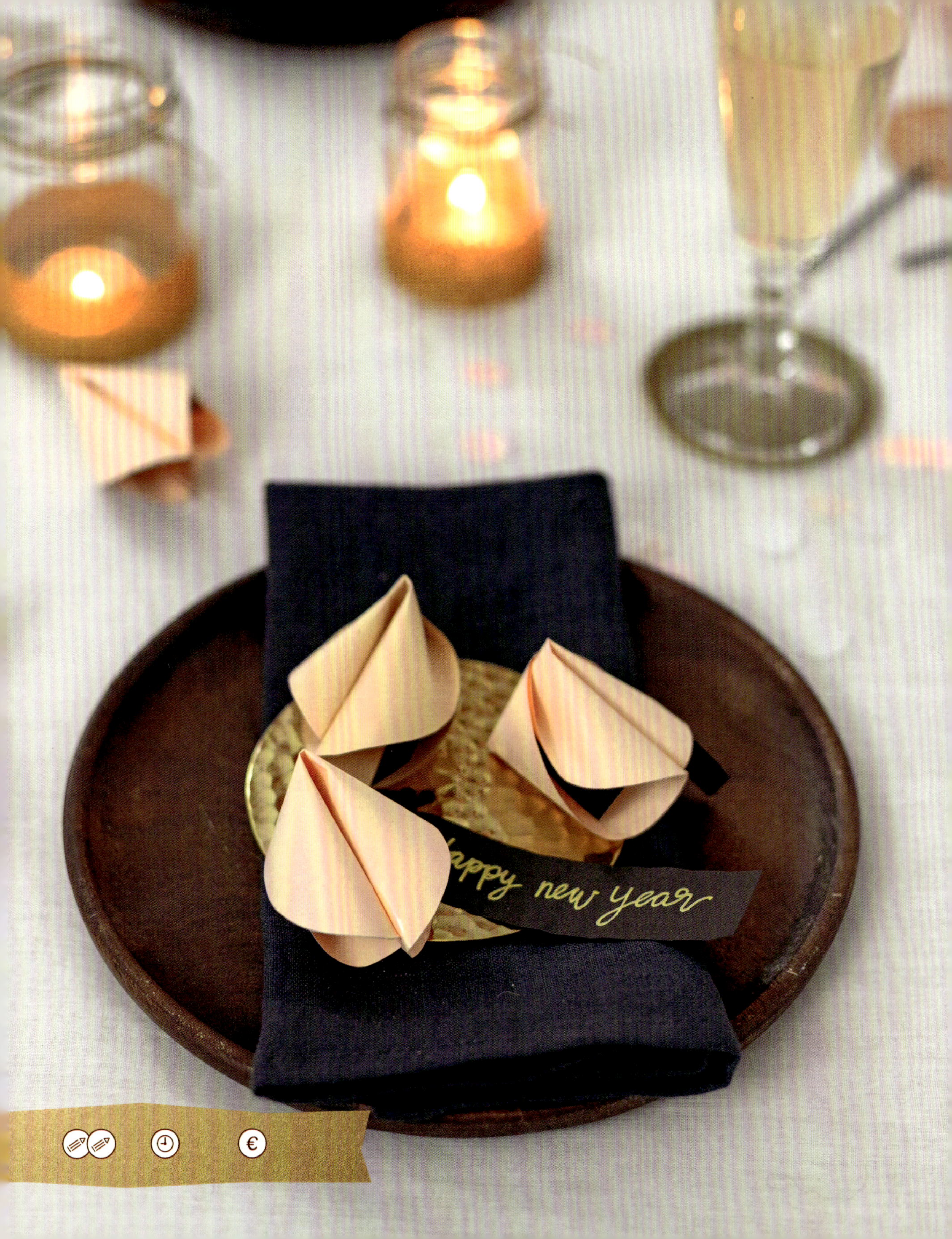
appy new year

DIY-GLÜCKS-KEKSE

Möchtest du deinen Gästen eine besondere Überraschung bereiten? Die hübschen Glückskekse aus Papier sind nicht nur unterhaltsam, sondern auch ein witziges Geschenk, das jede und jeder gerne mit nach Hause nehmen wird. Jeder Keks enthält eine kleine Überraschung, die verrät, was im nächsten Jahr erwartet werden kann.

Material:

✓ runder Gegenstand (Tasse, Glas o. Ä.)
✓ Tonpapier (in verschiedenen Farben)
✓ doppelseitiges Klebeband
✓ Marker

Werkzeug:

✓ Schere
✓ Bleistift

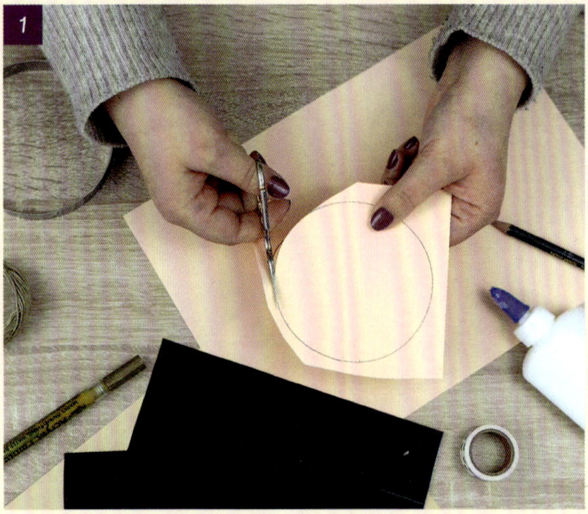

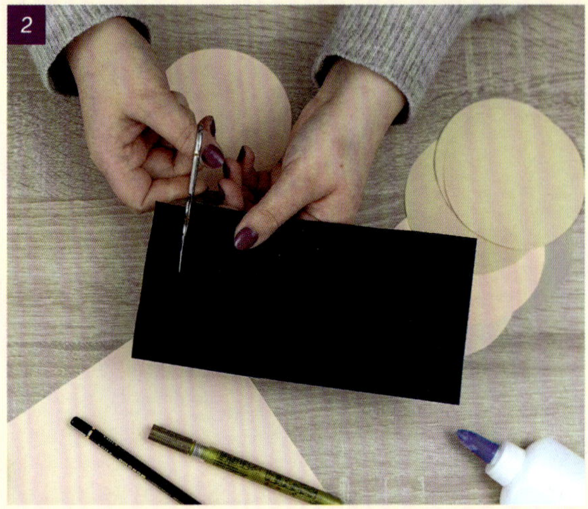

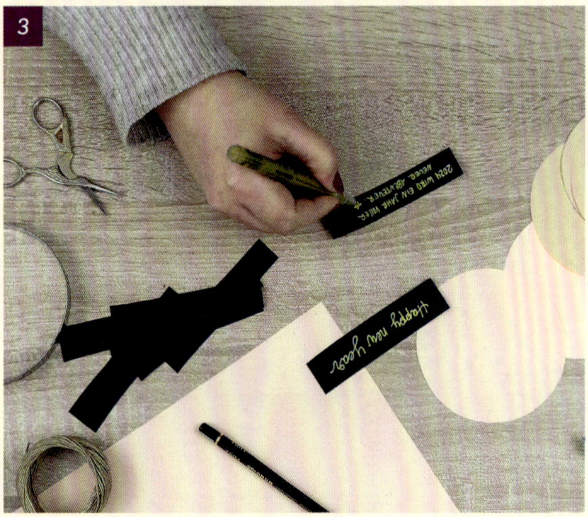

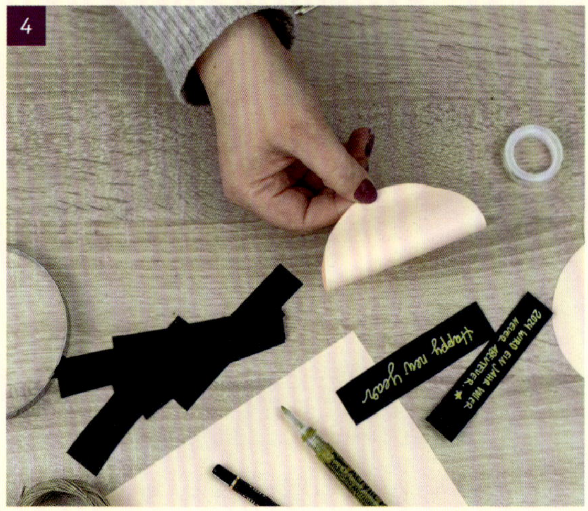

1. Zeichne zuerst mithilfe einer Tasse mehrere Kreise auf dem Tonpapier auf und schneide sie anschließend aus.

2. Schneide zudem vom Tonpapier für jeden Glückskeks einen 2 cm breiten Streifen ab. Die Länge sollte maximal den Durchmesser deines Kreises betragen, damit der Papierstreifen später in den Glückskeks passt.

3. Nimm nun die Marker zur Hand und beschreibe deine Papierstreifen, z. B. mit lieben Worten, Wünschen oder Gutscheinen.

4. Klebe ein Stück doppelseitiges Klebeband auf den Kreis und biege (nicht knicken!) ihn mittig um.

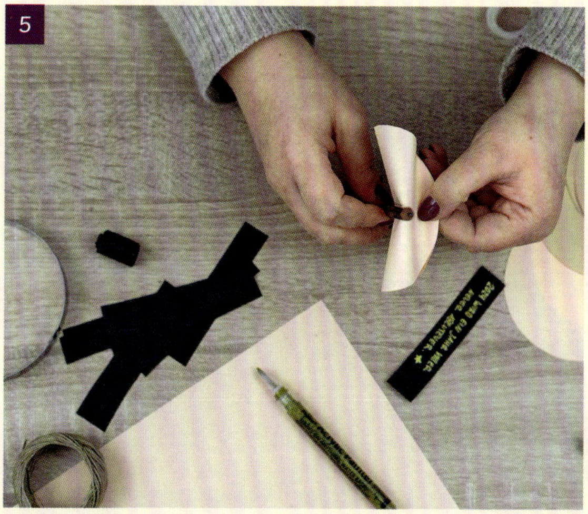

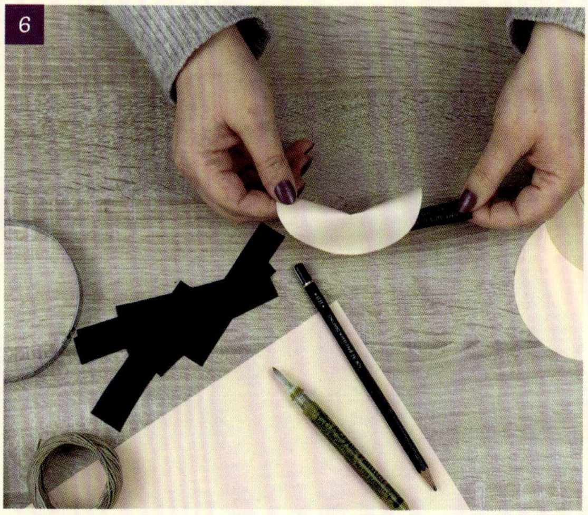

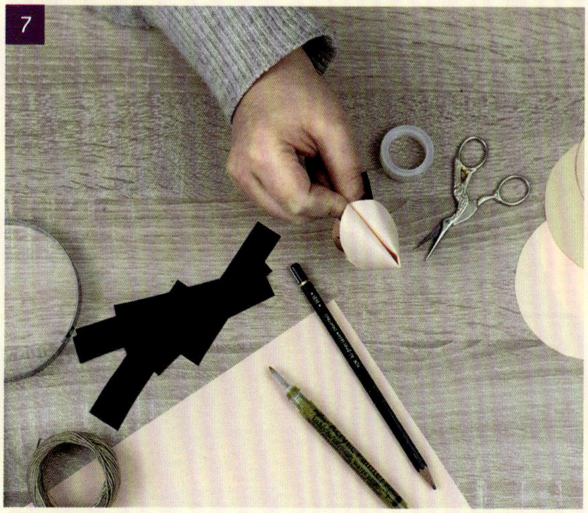

5. Nimm einen Bleistift und drücke damit den Glückskeks ein.

6. Lege nun deine Botschaft in den Glückskeks hinein.

7. Ziehe die beiden Enden zusammen und fixiere sie mit einem Stück doppelseitigem Klebeband, sodass der Glückskeks nicht mehr aufgeht.

Frohes Neues

WUNDER-KERZEN MIT SPRUCH

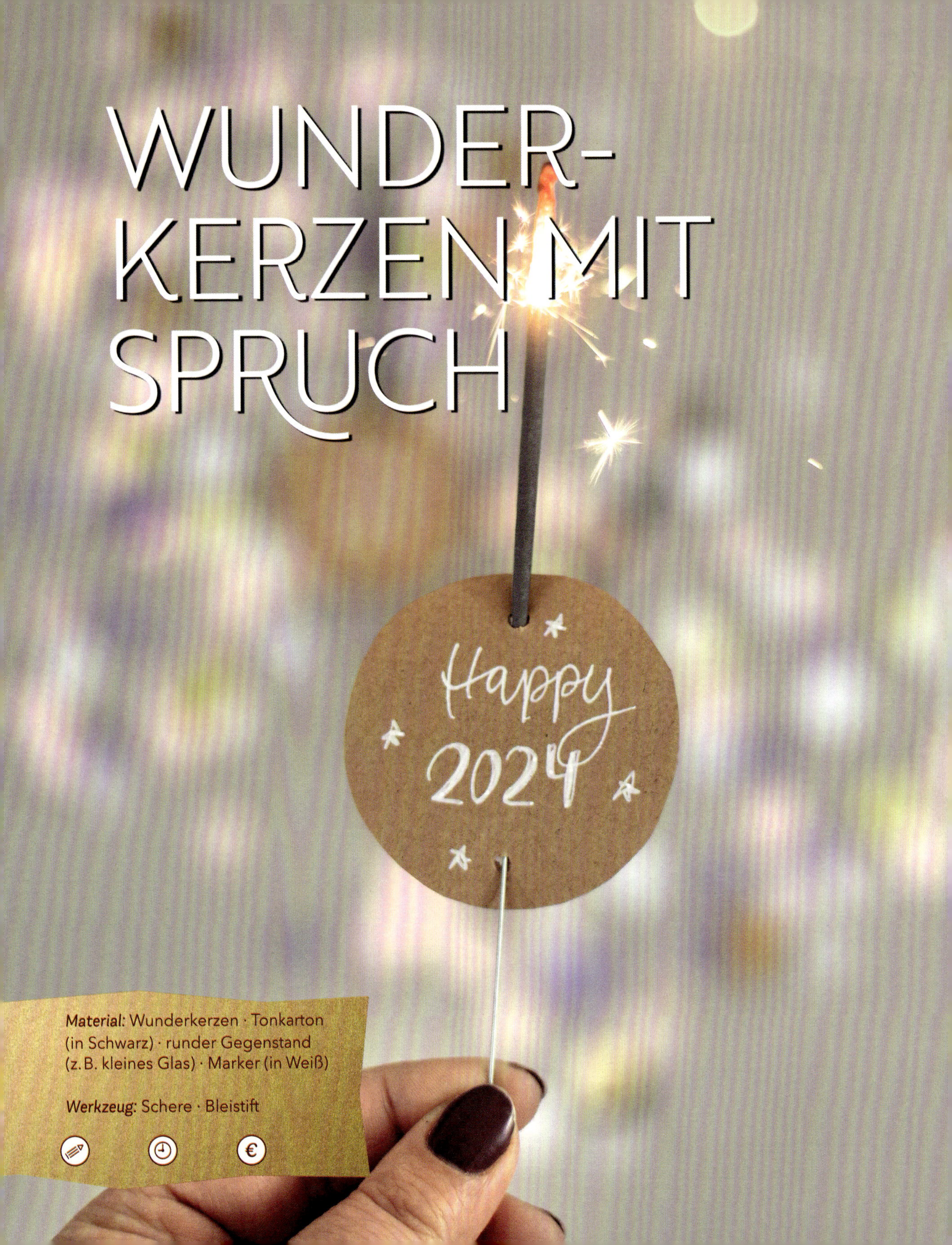

Material: Wunderkerzen · Tonkarton (in Schwarz) · runder Gegenstand (z. B. kleines Glas) · Marker (in Weiß)

Werkzeug: Schere · Bleistift

Beginne das neue Jahr mit einer stilvollen Geste und schenke deinen Gästen individuell gestaltete Wunderkerzen! Ein Symbol für die hellen Momente des neuen Jahres, über das sich deine Gäste sicher freuen werden.

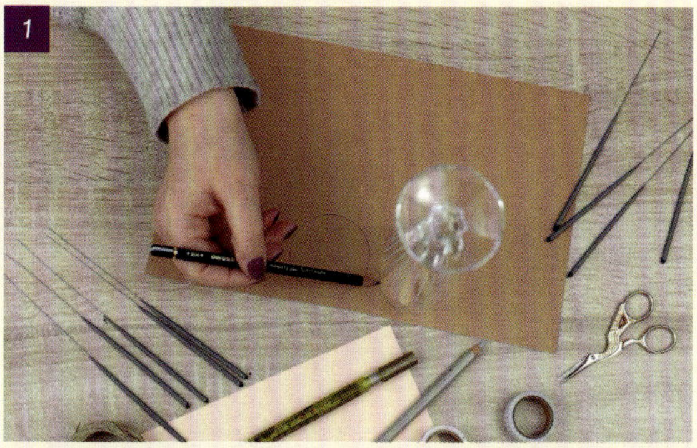

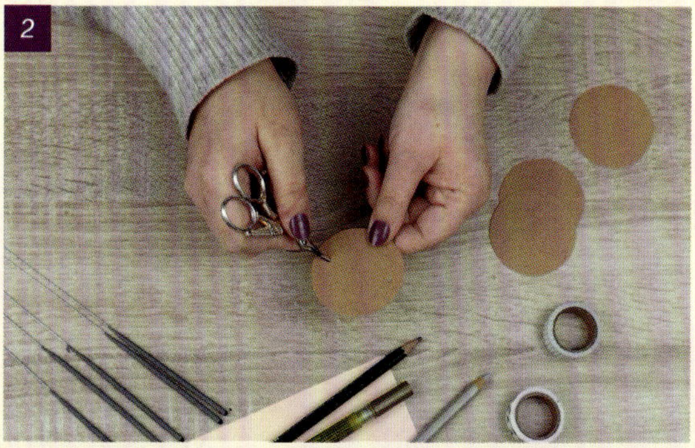

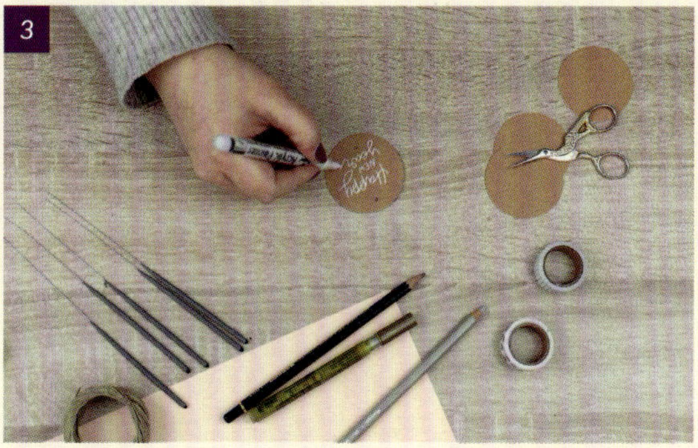

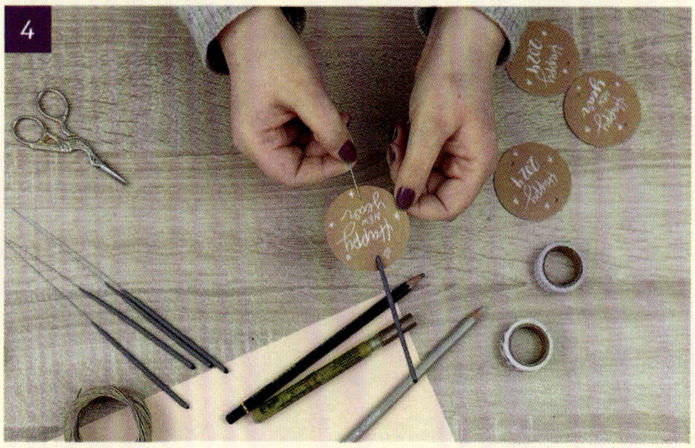

1. Zeichne mithilfe eines runden Gegenstands Kreise auf den Tonkarton und schneide sie anschließend aus.

2. Bohre mit der Schere oder einem anderen spitzen Gegenstand zwei Löcher in das Papier hinein.

3. Nun kannst du die Kreise nach Belieben beschriften, z. B. mit »Happy New Year«.

4. Stecke zum Schluss die Wunderkerze durch die beiden Löcher. Die Wunderkerzen eignen sich sehr gut auch als Deko auf dem gedeckten Tisch.

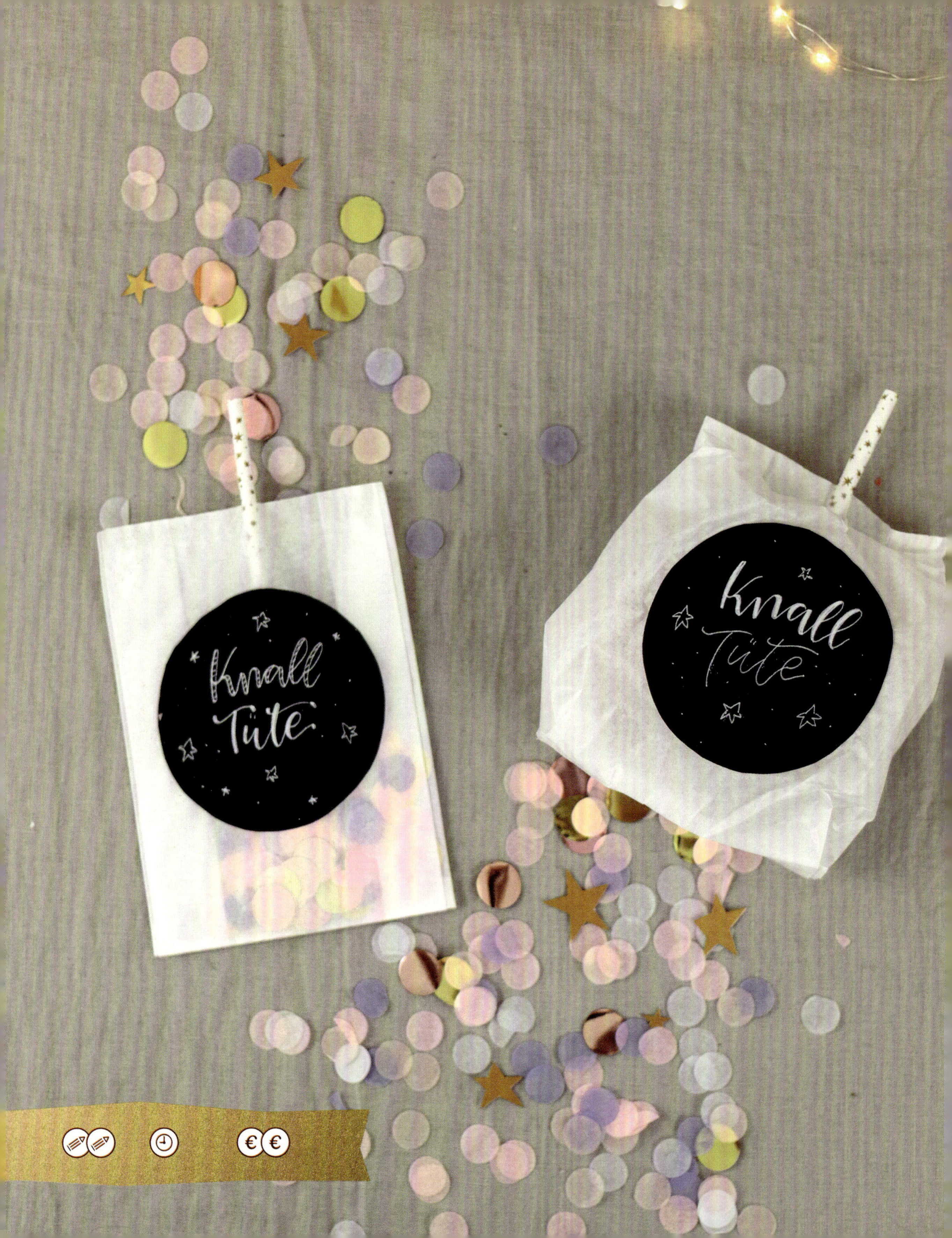
Knall Tüte
Knall Tüte

KNALLTÜTE

Lass es ordentlich knallen! Mit selbst gemachten Knalltüten, die du mit Konfetti, Botschaften oder anderen Dingen befüllen kannst. Deine Gäste dürfen die Tüten aufpusten und ordentlich knallen lassen. Diese niedliche Alternative zu herkömmlichen Silvesterknallern wird sicher jeden Gast begeistern!

Material:

- ✓ Tonpapier
- ✓ runder Gegenstand
- ✓ Klebstoff
- ✓ Tape
- ✓ Butterbrottüten
- ✓ Trinkhalme
- ✓ Konfetti
- ✓ Füllmaterial (z. B. Bonbons, Papierkrone, Sprüche o. Ä.)
- ✓ Marker

Werkzeug:

- ✓ Bleistift
- ✓ Radiergummi

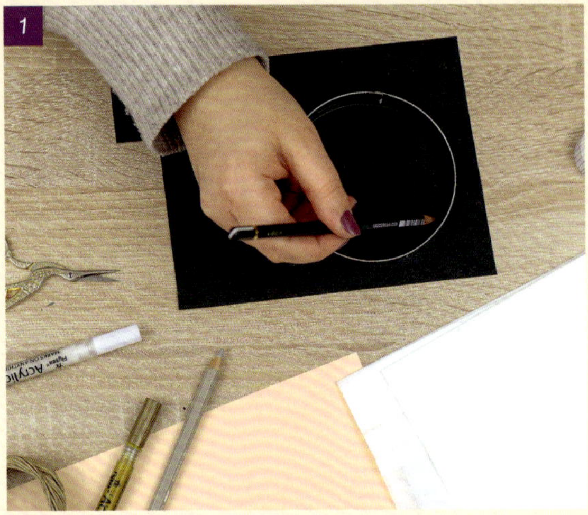

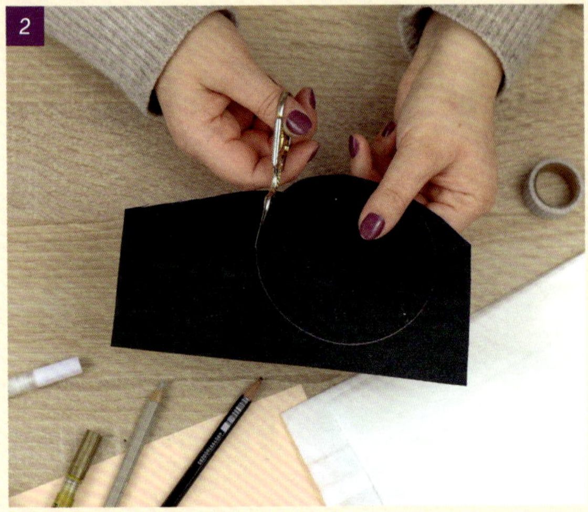

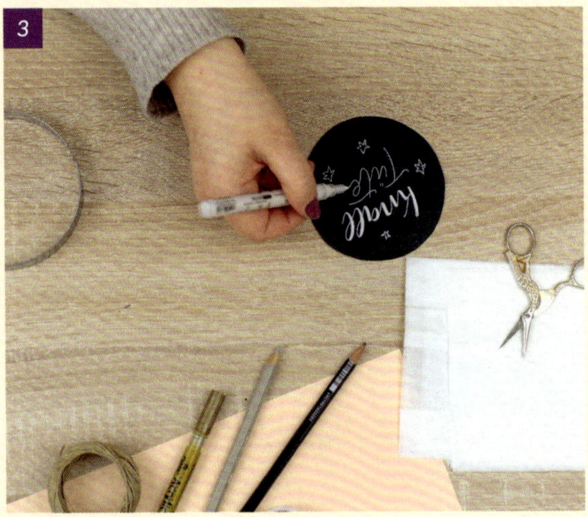

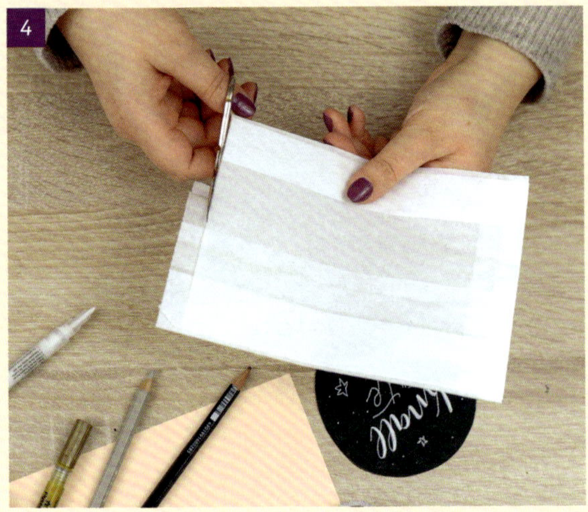

1. Zeichne mithilfe eines runden Gegenstands Kreise auf das schwarze Tonpapier auf.

2. Schneide die Kreise aus und entferne mit einem Radiergummi ggf. deine Bleistiftlinien.

3. Beschrifte die Kreise nun mit »Knalltüte« und verziere sie mit Sternen oder einem anderen Muster.

4. Schneide den überstehenden Papierstreifen an der Butterbrottüte ab, sodass beide oberen Kanten gleich lang sind.

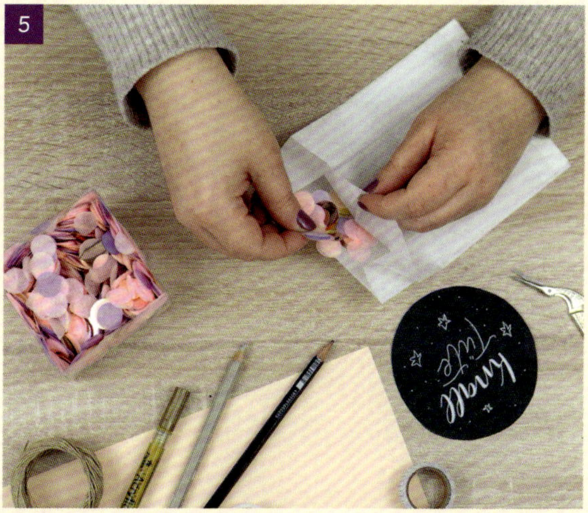

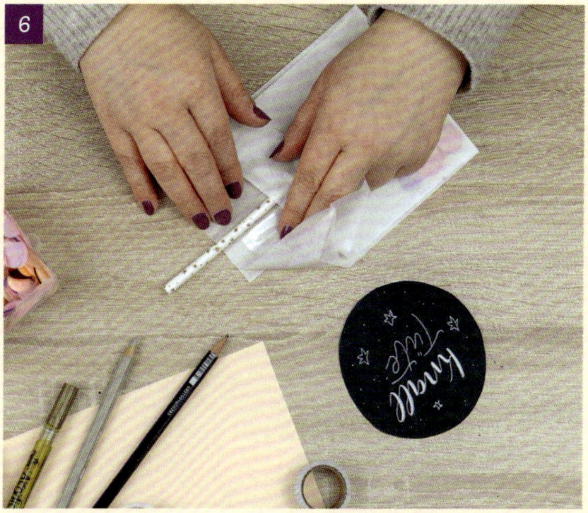

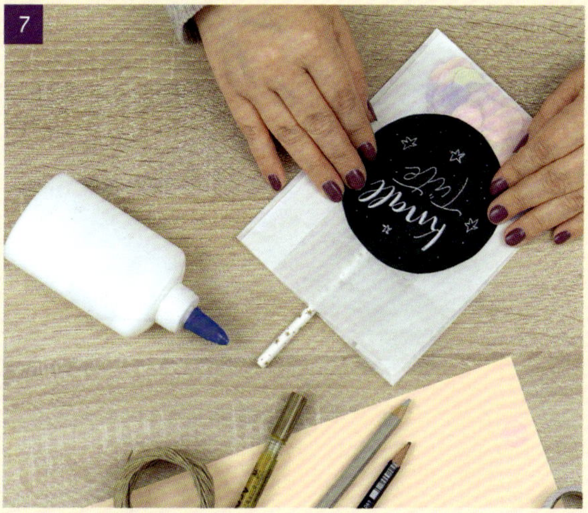

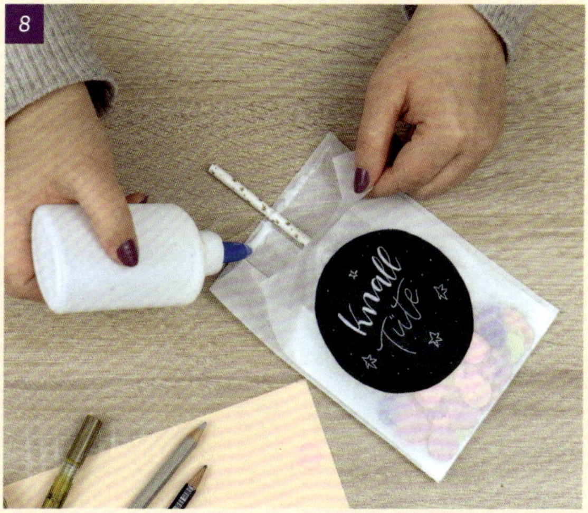

5. Jetzt kannst du deine Tüte nach Belieben befüllen, z. B. mit Konfetti.

6. Klebe den Trinkhalm mit einem Stück Tape innen auf die Rückseite der Papiertüte. Achte darauf, dass der Trinkhalm nicht den Boden der Tüte berührt.

7. Klebe nun den schwarzen Kreis mittig auf die Butterbrottüte auf.

8. Zum Schluss klebe die Öffnung der Butterbrottüte mit Klebstoff fest zusammen. Die Öffnung muss gut verschlossen sein, damit man die Knalltüte später aufblasen kann.

So gehts: Blase die Tüte mithilfe des Trinkhalms auf, flüstere deinen Wunsch hinein und lass anschließend deinen Wunsch mit einem lauten Knall in Erfüllung gehen.

VORLAGEN

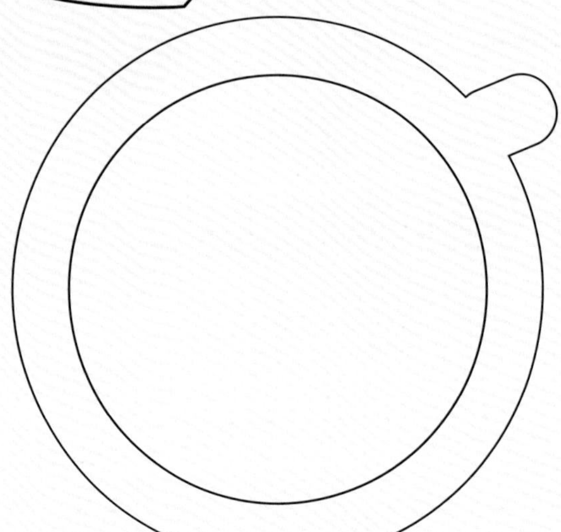

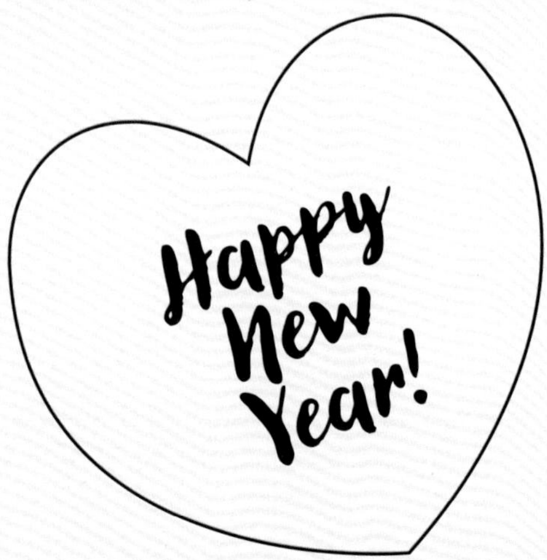

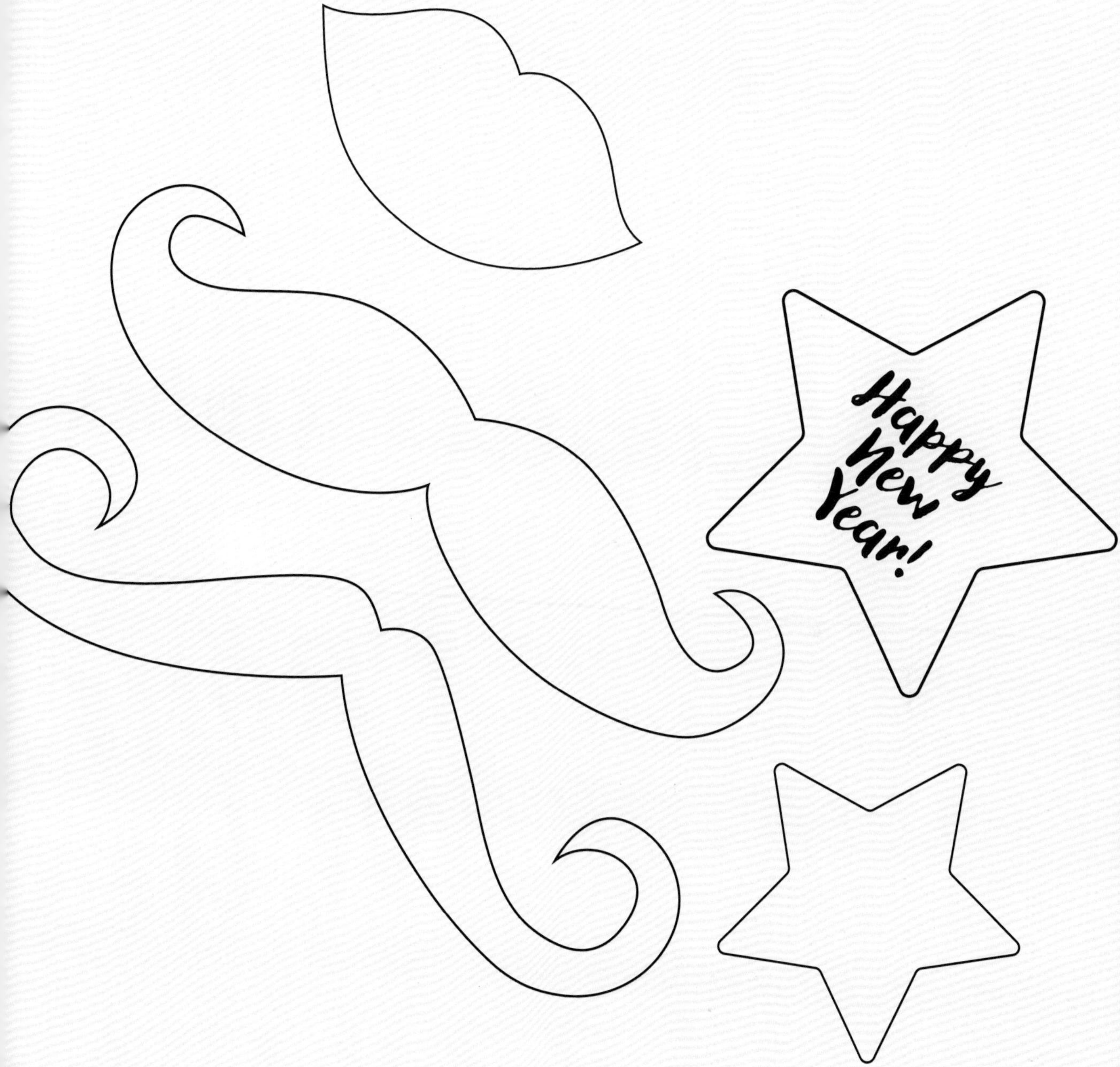
Happy New Year!

Viel Glück

Viel Glück

Glückslos

Glückslos

Frohes Neues

FROHES NEUES

Viel Glück

1234567

Frohes Neues

Happy NEW Year

Happy NEW Year

1234567890

Wunschtüte

Knalltüte

890

BEDEUTUNGEN BEIM WACHS-GIESSEN

ADLER: Du hast Erfolg im Beruf
AMBOSS: Vorsicht im Beruf
APFEL: Dein Vertrauen wird gebrochen
BAUM: Deine Fähigkeiten werden wachsen
BECHER: Dich erwarten Glück und Gesundheit
BEIL: Dich erwartet eine Enttäuschung in der Liebe
BESEN: Ein Konflikt bahnt sich an
BIENE: jemand wird heiraten
BLUMEN: Du lernst einen neuen Freund kennen
DEGEN: Dich erwartet eine einschneidende Veränderung
ELEFANT: Du hast viel Kraft für das neue Jahr
ENGEL: Dich erwartet Gutes
FALKE: Jemand ist eifersüchtig auf dich
FELSEN: Es wartet viel Arbeit auf dich
FLASCHE: Fröhliche Zeiten kommen
GEWICHTE: Dich erwartet Erfolg im Beruf
GLOCKE: Dich erwartet eine Erbschaft
HAMMER: Du wirst deinen Weg gehen

HAUS: Dein Vorhaben wird erfolgreich sein
HUFEISEN: Du wirst viel Glück haben
HUT: Du bekommst eine gute Nachricht
KÄFER: Dich erwartet eine positive Liebeserfahrung
KANNE: Unannehmlichkeiten stehen an
KLEE: Dich erwarten Zufriedenheit und Glück
LEITER: Du wirst befördert werden
NAGEL: Bessere Zeiten werden kommen
RAD: Große Veränderungen stehen an
SCHERE: Eine wichtige Entscheidung wartet
SCHLANGE: Jemand ist neidisch auf deinen Erfolg
SCHORNSTEINFEGER: Dich erwartet Glück in der Liebe
SCHWEIN: Du hast Glück im Spiel
SCHUH: Du hast viel zu erledigen
VOGEL: Du wirst Glück haben
ZAUN: Du wirst ein Missverständnis aufklären
ZYLINDER: Wichtige Dinge erwarten dich

ÜBER DIE AUTORIN

Seit ich denken kann, gehört das kreative Schaffen zu meinem Leben dazu. So habe ich bereits in meiner Kindheit fröhlich Geschenke für meine Freundinnen und Freunde und für meine Familie produziert, selbstverständlich mit ganz viel Liebe. Meistens waren das kleine Karten und Gutscheine oder andere bunte Basteleien.

Generell liebe ich es, selbst etwas herzustellen, nicht nur Geschenke und Dekoration, sondern auch grundlegende Dinge wie Nahrungsmittel und Kosmetika. Deswegen habe ich angefangen, meinen Blog »Alva & Ida« zu schreiben, auf dem ich meine Leserinnen und Leser mit einfachen DIY-Ideen inspirieren möchte. Ich möchte außerdem zeigen, dass wirklich jede und jeder kreativ werden kann und dass es nichts Schöneres und Wertvolleres gibt als etwas Selbstgemachtes.

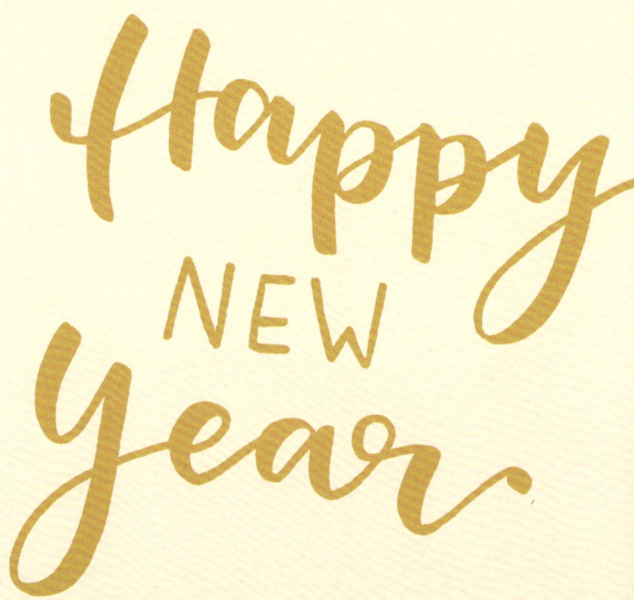

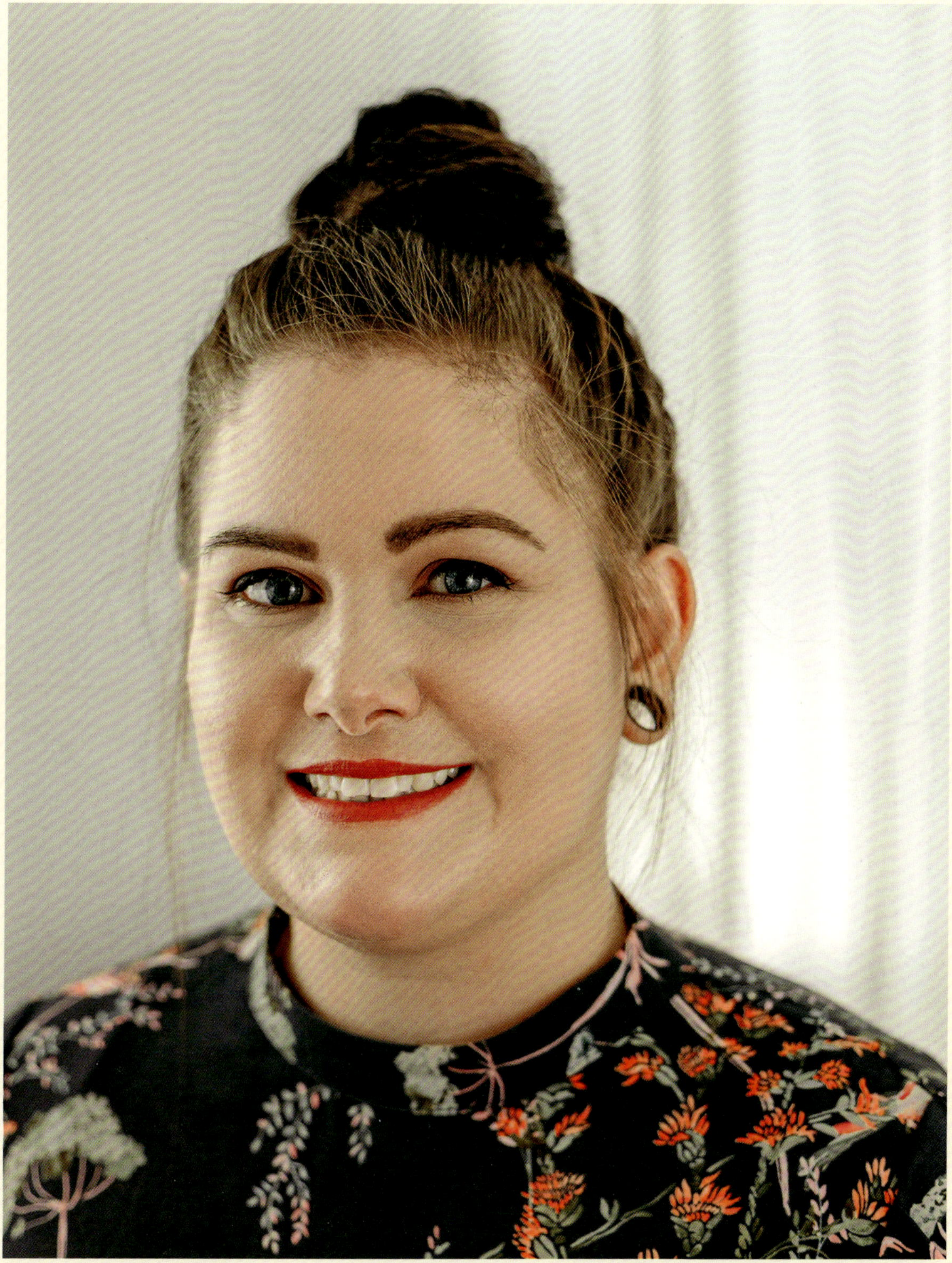

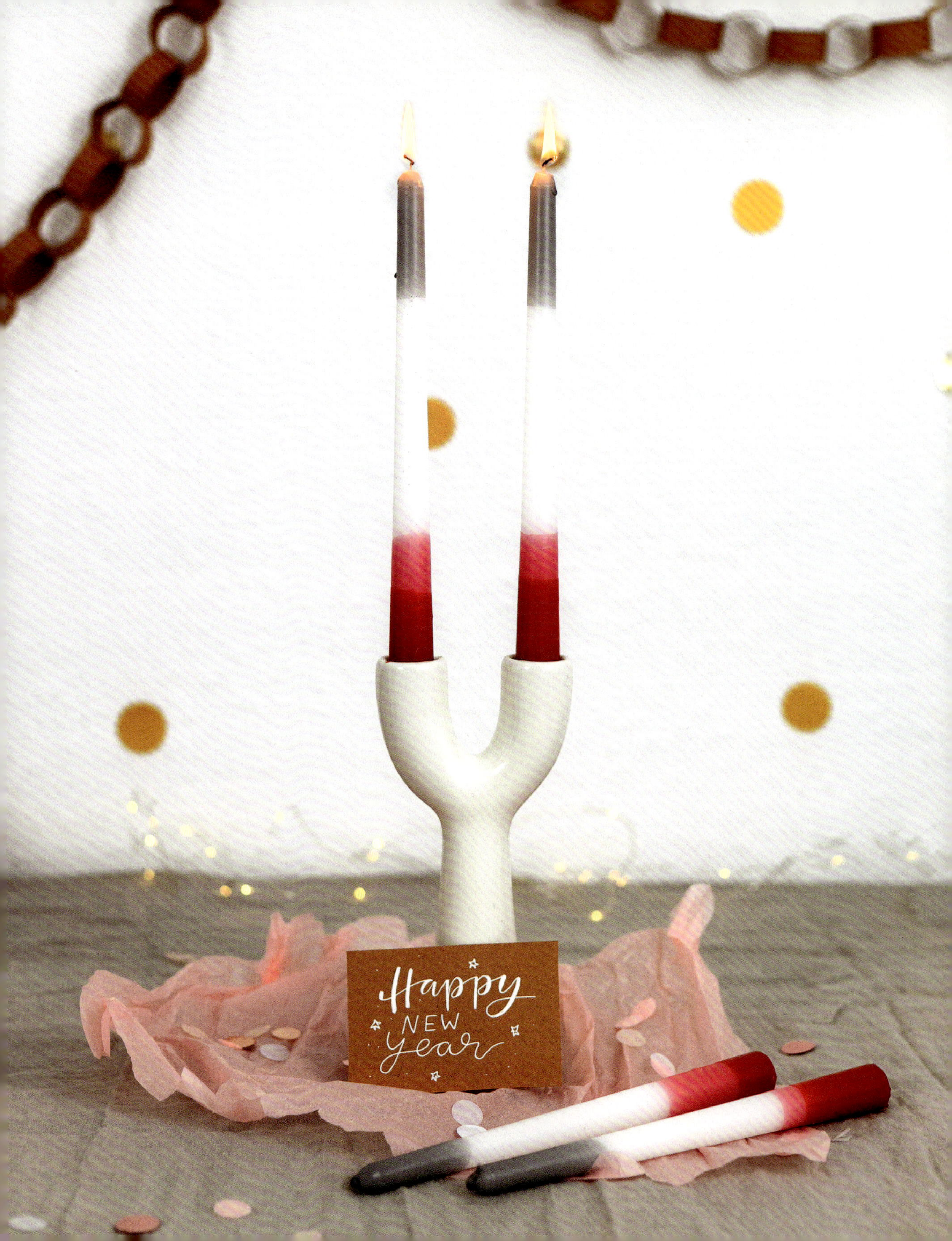
Happy
NEW
Year

VIELEN DANK

Ich möchte mich bei all den lieben Menschen bedanken, die mir bei der Umsetzung dieses Buches geholfen und mich unterstützt haben. Und ich danke auch dir, dass du mein Buch in den Händen hältst und ich dich inspirieren darf.

Ein besonderer Dank geht an meine Familie, die immer für mich da ist und all meine Ideen und Projekte unterstützt und es immer wieder schafft, mich auch in stressigen Zeiten wieder zu erden. Ich bin sehr dankbar für euren Rat, eure Inspiration und eure Geduld, die mir geholfen haben, dieses Buch umzusetzen.

Und ich möchte mich außerdem bei meinem lieben Freund bedanken, der mich ermutigt hat, dieses Buchprojekt anzunehmen, und bei der Erstellung der DIY-Projekte sowie beim Erstellen der Fotos tatkräftig mitgewirkt hat. Danke, dass du mich durch dieses Abenteuer begleitet hast und mich bei all meinen kreativen Ideen immer unterstützt und mir helfend zur Seite stehst.

Zum Schluss möchte ich mich herzlich auch bei allen Beteiligten des Christophorus Verlags bedanken, die aus meinen kreativen Ideen dieses Buch erstellt haben. Danke, dass ich dieses Buch für euch umsetzen durfte!

Judith

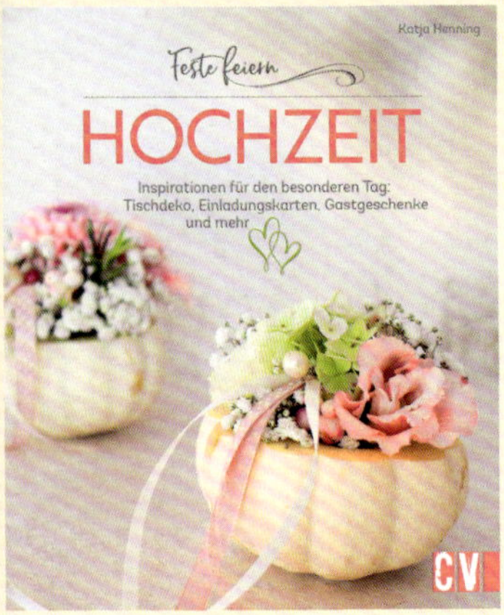

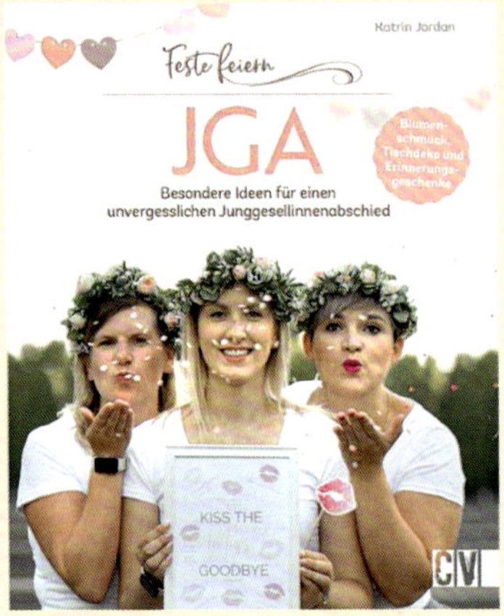

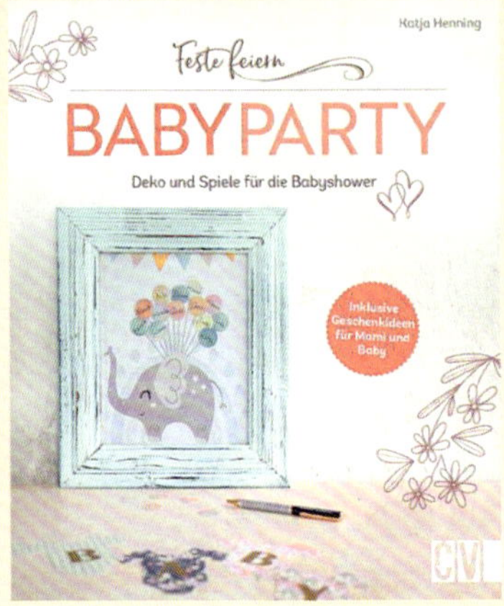

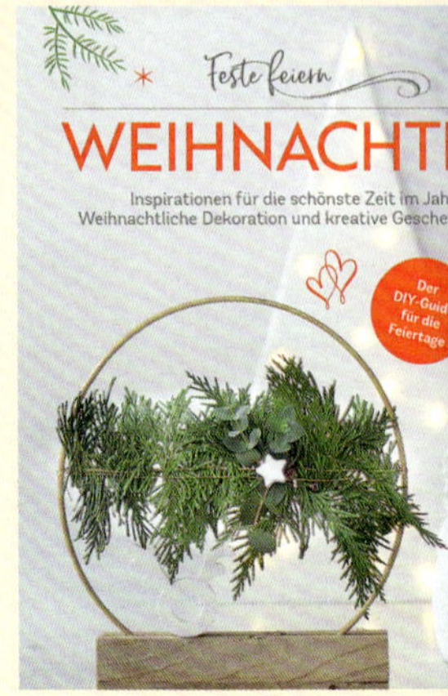

DIE REIHE »FESTE FEIERN«

Du hast Lust, deine Familie und Freunde einzuladen, einen liebevoll dekorierten Tisch in Szene zu setzen, schmackhaftes Essen aufzutischen und deine Gäste mit kleinen Give-aways und einem fantastischen Tag zu beschenken?

Die Reihe »Feste feiern« bringt die Inspiration, dein Fest von A bis Z und mit liebevoll-persönlicher Note auszurichten, egal ob es sich dabei um einen Geburtstag, einen Feiertag, den Junggesellinnen-Abschied oder den Weihnachtsabend handelt!

IMPRESSUM

Autorin: Judith Bohnert
Fotos & Styling: Judith Bohnert
Projektmanagement & Lektorat: Brigitte Schnock
Redaktion: Lena Denu
Layout: Marcus Taeschner, A flock of sheep
Korrektorat: Judith Bingel
Umschlaggestaltung: Regina Degenkolbe
Repro: LUDWIG:media
Herstellung: Julia Hegele
Printed in Türkyie by Elma Basim

★★★★★

Sind Sie mit diesem Titel zufrieden? Dann würden wir uns über Ihre Weiterempfehlung freuen. Erzählen Sie es im Freundeskreis, berichten Sie Ihrem Buchhändler oder bewerten Sie bei Onlinekauf. Und wenn Sie Kritik, Korrekturen, Aktualisierungen haben, freuen wir uns über Ihre Nachricht an: Christophorus Verlag, Postfach 40 02 09, D-80702 München oder per E-Mail an lektorat@verlagshaus.de

Unser komplettes Programm finden Sie unter

www.christophorus-verlag.de

Sollte dieses Werk Links auf Webseiten Dritter enthalten, so machen wir uns die Inhalte nicht zu eigen und übernehmen für die Inhalte keine Haftung.

Die Deutsche Nationalbibliothek verzeichnet diese Publikation in der Deutschen Nationalbibliografie; detaillierte bibliografische Daten sind im Internet über www.dnb.de abrufbar.

ISBN 978-3-8388-3883-0

Kreativ-Service

Sie haben Fragen zu unseren Büchern und Materialien? Wir beraten Sie gern rund um alle Kreativthemen. Rufen Sie uns einfach an. Wir interessieren uns auch für Ihre eigenen Ideen und Anregungen. Sie erreichen uns per E-Mail kreativ-service@c-verlag.de oder unter der Telefonnummer 0049-89-1306 99 577.

Besuchen Sie uns im Internet: www.christophorus-verlag.de & www.selbstgemacht.de

In gleicher Reihe erschienen ...

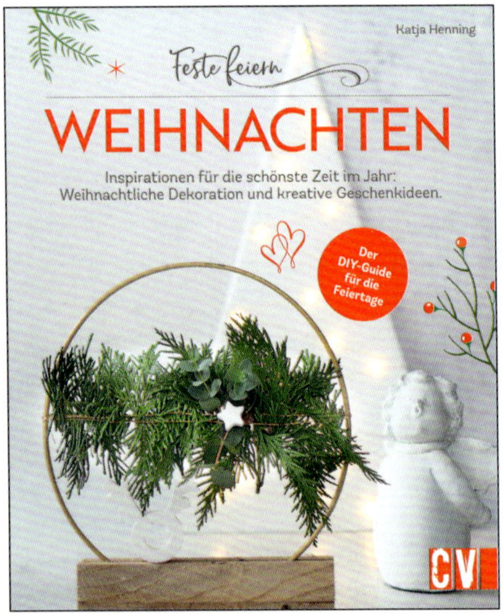

ISBN 978-3-8388-3882-3

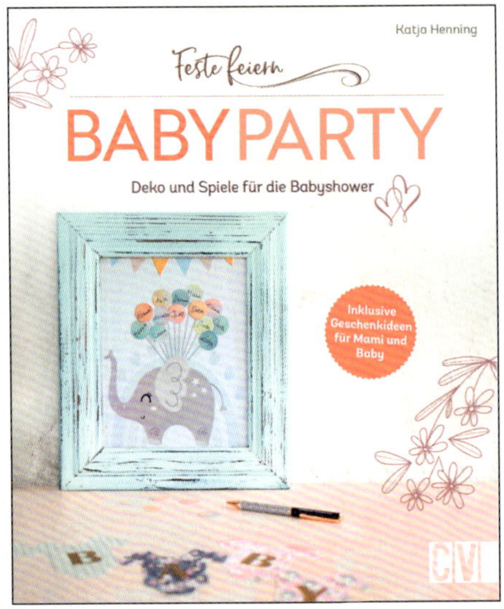

ISBN 978-3-8388-3858-8

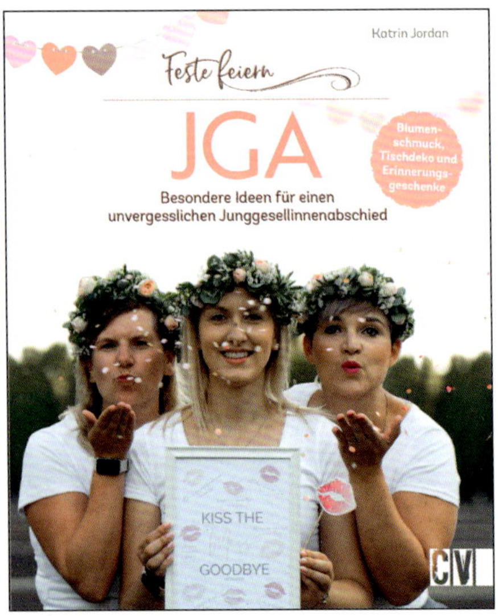

ISBN 978-3-8388-3851-9

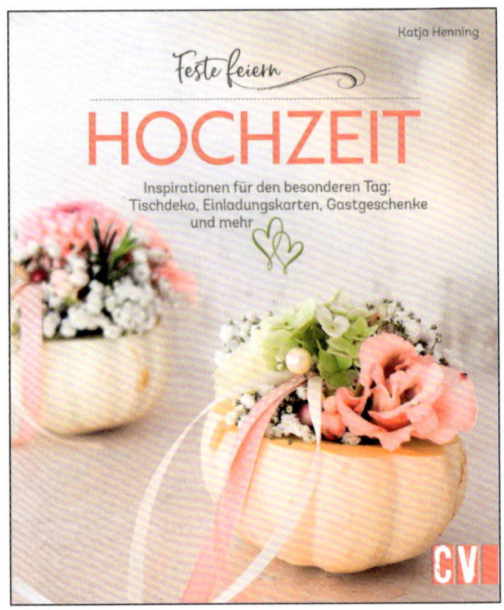

ISBN 978-3-8388-3842-7

CV
www.christophorus-verlag.de